누구나 주변에 행복요소들이 가득하다

행복이 먼저다

저자 행복이 먼저다

목차

1부 나의, 나에 의한, 나를 위한

2부 사람을 대할 때는 난로를 대하듯 하자

3부 이 또한 지나가리라

1부

나의,
나에 의한,
나를 위한

나를 어렵게 하는
인간관계는 끊어야 한다

'이 사람은 아니야. 이 사람은 행실이 좋지 않아서 관계를 끊어야 할 것 같아.'라고 생각하면서도 정리하지 못하는 사람이 많다. 남을 험담하기 좋아하고 항상 부정적인 말만 하는 사람은 곁에 두어서는 안 된다. 상대가 소인배 기질의 사람이라면 계속 만나서는 안 된다. 그런 사람의 옆에 있으면 자신도 서서히 오염된다는 사실을 명심해야 한다. 부정적인 말만 하는 사람이 옆에 있으면 어느 순간 자신도 점점 부정적인 말을 하게 된다.

그런데 나쁜 영향을 주는 사람과의 관계를 정리하지 못하는 이유는 무엇일까? "왜 그런 사람과의 관계를 정리하지 못합니까?"라고 물어보면 대부분이 "그놈의 정 때문에요."라고 답한다. 나를 발전하게 하는 고운 정을 주는 사람을 만나기에도 인생은 짧은데, 파괴적이고 부정적인 영향을 주는 미운 정에 휘둘리는 것은 어리석은 행동이 아닐 수 없다. "인간관계를 어떻게 무 자르듯이 딱딱 끊고 사느냐?"라고 반문할 수 있지만, 부정적이고 악한 영향을 주는 사람과의 관계는 하루빨리 정리해야 한다. 그러한 사람은 늪과 같은 존재이기 때문이다. 나 자신도 서서히 파괴하고 몰락하게 한다는 사실을 알아야 한다.

사람마다 마음에 큰 보자기가 있다. 그 보자기에 귀하며 값진 것으로 채우고 싶다면 그 안에 있는 쓰레기부터 버려야 한다. 그 쓰레기로 가득 차 있는 상태에선 귀한 것을 채울 수가 없다. 인간관계도 마찬가지이다. 끊어야 할 사람은 끊어야 후환이 없고 더 좋은 인연을 기대할 수 있다.

자신의 주변 환경을
바꾸는 방법

　자신의 주변 환경을 바꾸길 원하는 사람이 많다. 자신의 주변에 어떤 문제가 생겼을 때 그것을 바꾸기 위해서 노력하는 것은 당연한 일이다. 그런데 여기서 짚고 넘어가야 할 것은 대부분이 문제의 원인이 주변 사람에게 있다고 여긴다는 점이다. 주변 환경이 자신이 원치 않는 상태가 된 이유는 주변에 있는 누구누구 때문이라고 생각하고 그 누구누구가 바뀌어야 주변 환경도 바뀔 수 있다고 생각한다. 그렇지만 아쉽게도 그 누구누구는 바뀌지 않는다. 사람은 쉽게 바뀌지 않는다.

　그렇다면 자신의 주변 환경을 바꿀 수 있는 좋은 방법은 무엇일까? 바로 우리 자신이 바뀌는 것이다. 우리 주변 환경과 상황은 대부분 우리의 생각과 말과 행동에 의해 이루어져 있다. 그러므로 우리의 주변 환경과 상황을 바꾸기 위해서는 우리 자신이 먼저 바뀌어야 한다. 자신의 자존감이 낮아서 생긴 주변 환경을 바꾸려면 자신의 자존감을 높이면 된다. 회사 분위기가 너무나도 안 좋은가? 그 분위기를 바꾸고 싶다면 자신이 먼저 할 말은 하면서 주인의식을 가지고 일하는 모습을 보여야 한다. 그렇게 자신부터 바뀌면 주변이 조금씩 변하게 된다. 주변 환경과 상황을 바꾸기 위해 다른 사람이 변해야 한다는 생각은 잘못된 것이다. 주변 환경과 상황을 바꾸는 가장 좋은 방법은 먼저 바뀌는 것이다.

배려, 헌신,
희생의 적정선

타인을 배려하고 그러한 배려를 지속하다 보면 힘들 때가 있다. 많은 에너지를 쏟아부으며 배려해 주다 보면 배려의 수준을 넘어 희생한다는 말을 스스로 하게 된다. 그런 희생과 헌신을 하다 보면 상대방은 처음엔 감사해하다가도 서서히 배려받는 것을 당연하게 여기고 심지어 권리로 생각하는 경우가 있다.

나는 할 수 있는 역량을 최대한 발휘하여 배려해 주고 희생하며 헌신했음에도 불구하고 상대가 고맙게 생각하기는커녕 당연하게 여기는 것을 볼 때마다 억장이 무너지는 아픔을 느낀다. 그래서 용기를 내어 마음속 깊이 있던 얘기를 꺼내 보았다.

"나는 이렇게 힘들고 고단해도 당신을 많이 배려했고 때론 내가 헌신하고 희생한다는 마음이 들 정도로 잘해 주었는데, 그것을 고맙게 생각하기보다 어떻게 이렇게 당연하게 생각할 수 있는가?"

이처럼 섭섭함이 담긴 말을 건넸을 때, 오히려 상대에게 가장 상처가 되는 말을 들었다.

"네가 좋아서 한 거잖아? 내가 하라고 했어?"

이런 말을 들으면 정신적으로 붕괴되기 쉽다. 배려를 넘어 헌신과 희생의 정도로 자신의 에너지를 쏟았건만 마지막에 돌아오는 말은 "네가 좋아서 한 거잖아?"라는 말이라니!

자신이 남을 배려하고 더 나아가 헌신과 희생을 한다고 생각한다면 그선에서 멈추어야 한다. 배려는 배려에서 끝나야지, 자신의 에너지를 고갈하면서까지 남을 위해 헌신하고 희생할 필요는 없다. 어처구니없이 "네가 좋아서 한 거잖아."라는 말을 듣고 싶지 않다면 말이다.

　자신이 여유가 되는 선에서 남을 배려하고 거기서 더 나아가 헌신과 희생이 된다면 스스로 물어봐야 한다. '내 자신을 위해서는 이렇게 헌신하고 희생한 적이 있었던가?' 자신을 배려하고 자신의 꿈과 목표를 위해 헌신한 적이 없는 사람이 남을 위해서 헌신하고 희생할 자격이 있을까? 남을 위해서 '헌신과 희생'이라고 할 정도로 자신의 모든 에너지를 쏟을 필요는 없다는 것이 나의 경험에서 나온 결론이다.

언젠가는
알아주겠지?

타인을 위해서 자신의 에너지를 쏟아붓는 사람들이 있다. 그 사람에게 "왜 그렇게 남을 위해서 에너지를 쏟으십니까?"라고 물어본다면 아마 대답이 거의 비슷할 것이다.

"언젠가는 알아주겠지요. 언젠가는 인정해 주겠지요."

사람들은 타인을 그렇게 잘 인정해 주거나 알아주지 않는다. 나는 엄청난 에너지를 쏟아서 타인을 배려해 줘도 남들은 그것을 자신이 당연히 누려야 할 권리라고 생각하기 때문이다. 우리가 엄청난 배려를 해 주면 처음에는 감사하고 고마워한다. 그러나 시간이 지나면서 그것을 당연하게 받아들이기 때문에 '언젠가는 알아주겠지. 언젠가 인정받겠지.'라고 생각한 것이 어리석은 일이었음을 나중에야 깨닫게 된다.

사람들은 다른 이의 희생과 헌신을 그리 알아주지도 인정하지도 않는다. 이 사실을 분명히 알고 헌신과 희생 따위를 어설프게 해서는 안 된다. 이렇게 말하면 너무 이기적이라고 생각할 수도 있겠지만, 그렇지 않다. 남을 배려해 줬으면 그 배려에서 끝내야 한다. 그 배려가 더 많이 요구되어 스스로 힘들어져도 '언젠간 나를 알아주겠지. 나를 인정해 주겠지.'라고 생각하는 오류에 빠져선 안 된다. '언젠간 알아주겠지. 언젠가는 인정해 주겠지.'라는 막연한 기대를 가지고 있다가는 더 낭패를 보는 경우가 많기 때문이다.

참 바보처럼
살았네요

김도향 가수의 노래가 생각난다. 〈난 참 바보처럼 살았네요〉라는 제목의 노래이다.

이 노래같이 자신이 참 바보처럼 살았다며 후회하고 아쉬워하는 사람이 많다. 30대는 자신의 20대를 돌아보며 너무 바보처럼 살았다고 아쉬워하고, 40대는 자신의 20~30대를 회상하며 참 바보처럼 살았다고 후회한다. 환갑이 지난 나이에 지나온 시간을 돌이켜 보며 바보처럼 살았다고 탄식하는 사람도 있다.

여기서 중요한 것은 바보처럼 산 것은 과거의 나였다는 사실이다. 그러니 지금부터라도 바보처럼 살지 말아야 한다. 그런데 안타깝게도, 스스로 바보처럼 살아왔다고 생각하면서 지금도 바보처럼 살고 있는 사람이 너무나 많다. 자신이 과거에 바보처럼 살았다는 사실을 알고 있다면 지금 당장 바보처럼 살지 말아야 한다. 지금 바로 당장 그 바보의 삶을 멈춰야 한다. 그래야만 오늘이 어제보다 낫고 내일이 오늘보다 나을 것이기 때문이다. 바보처럼 살았다고 아쉬워하면서 지금 현재도 바보처럼 살고 있지 않은지 스스로 체크해 보고 바보 같은 삶에서 벗어나기 위해 노력해야 한다.

둥근 돌도 정 맞으면 모난 돌이 된다

"모난 돌이 정 맞는다."라는 속담이 있다. 두각을 나타내는 사람은 남에게 미움을 받게 되므로, 어디에서나 너무 튀지 말고 너무 나서지 말라는 뜻이다. 둥글둥글하게 살라는 말이기도 하다. 또한 강직한 사람은 남의 공박을 받으므로 두리뭉실하게 무리에 섞여서 목소리를 낮추고 할 말을 삼가면서 가늘고 길게 살라는 뜻이기도 하다.

그런데 요즘은 둥근 돌처럼 성실하고 긍정적이며 매사에 감사하는 마음으로 열심히 사는 좋은 사람이 소인배들의 공격을 받아서 모난 돌이 되어 가는 경우도 있다. 이는 '둥근 돌이 정 맞다가 모난 돌이 되는 격'이다. 참 좋은 성품의 사람이 공격을 당하고 부딪히고 깨지면서 좋았던 인성이 조금씩 모난 인성으로 바뀌고, 긍정적인 마인드가 점점 부정적인 마인드로 바뀌는 것이다. 이처럼 자신이 원래 둥글둥글하고 좋은 인성을 지녔다 해도 외부로부터 많은 공격을 당해 상처가 생기면 모난 돌이 될 수 있음을 알아야 한다.

그러면 타의에 의해 모난 돌이 되지 않으려면 어떻게 해야 할까? 스스로 대비해야 한다. 공격하는 사람이 어느 때 자신의 정을 내려치는지를 알면 된다. 그때는 항상 같다. 상대가 만만할 때이다. 한두 번 공격해 봤는데 상대가 가만히 있으면 만만하게 보고 계속 공격하고 마구 상처를 준다. 이런 일을 당하면 원래 좋았던 심성도 점점 모난 돌처럼 될 수 있다. 그러므로 만만해 보이지 않도록 스스로 노력해야 한다.

약한 마음이 단번에
강해지지는 않는다

　마음이 약해서 쉽게 상처를 받고 괴로워하는 사람이 마음을 다잡고 이젠 쉽게 당하지 않겠노라고 마음먹었다. 그런데 그렇게 마음을 강하게 먹었는데도 시간이 지나면 마음이 다시 약해진다. 그러면 또다시 마음을 강하게 먹어도 또 약해지는 경우가 있다. 이렇게 반복되다 보면 마음이 지쳐서 자신은 강해질 수 없다고 생각하고 스스로 포기하는 경우가 많다.

　마음을 강하게 먹었다고 해서 단번에 마음이 강해질 수 있을까? 세상에 그런 일은 없다. 한 번 마음을 먹었다고 마음이 강하게 바뀐다면 얼마나 좋을까마는 강하게 마음먹더라도 다시 약해져서 작심삼일이 된다. 또다시 마음을 강하게 먹어도 다시 약해지는 이런 일은 반복적으로 일어날 수밖에 없다. 그렇다면 또 약해질 텐데 강하게 마음먹을 필요가 있는가 하고 생각할 수 있지만, 서서히 조금씩 강해지게 되어 있다. 스며든다는 말이 있듯이 조금씩 조금씩 강한 마음이 약한 마음을 지배하고 강한 마음을 가지게 된다.

　그러므로 "첫술에 배부르랴."라는 속담을 되새길 필요가 있다. 어떤 일이든지 단번에 만족할 수는 없는 법이다. 강하게 먹은 마음이 약해지더라도 그것은 당연히 그럴 수 있다고 생각하고 자신을 책망하거나 학대할 필요가 없다. 반복적이고 지속적으로 노력하다 보면 언젠가는 스스로 변화된 모습을 발견하게 된다. 강하게 마음먹는다고 한 번에 강해지지는 않는다는 사실을 담담히 받아들일 줄 알아야 한다.

나의,
나에 의한,
나를 위한

미국의 링컨 대통령이 1863년에 게티즈버그에서 한 연설 중에 유명한 말이 있다. "국민의, 국민에 의한, 국민을 위한 정부는 사라지지 않을 것이다."라는 말이다.

모든 사람을 한 명씩 살펴보면 각각의 생각과 행동과 말이 중요하다. 그런데 그 생각, 행동, 말을 각각 어떻게 하는가를 살펴보면 두 부류로 나뉜다. 첫째 부류는 '남의, 남에 의한, 남을 위한' 생각, 행동, 말을 한다. 둘째 부류는 '자신의, 자신에 의한, 자신을 위한' 생각, 행동, 말을 한다.

첫째 부류의 특징은 남을 위해 사는 것이 옳고 맞다고 생각한다. 그래서 '자신의, 자신에 의한, 자신을 위한' 생각, 행동, 말은 하지 않는다. 이렇게 오랫동안 살다 보면 자신의 삶을 어떻게 자주적으로 이끌어 가야 할지를 모른다. 그러나 자기 인생의 중심은 자신이 되어야 한다. 남이 되는 순간, 자신의 삶은 남에게 이끌려 가게 마련이다. 그 남이 부모이든, 자녀이든, 가까운 지인이든 모두 같다. 먼저 자신을 중심으로 생각하고 행동하며 말해야 한다. 그렇게 하여 자신의 삶이 건강해질 때라야 결국 남도 도와줄 수 있고 남을 진정으로 배려할 수 있다.

자신을 먼저 위하는 것이
비도덕적인가?

자신을 위해 살아야 하고 자기 삶의 주인은 자신이라는 생각으로 살아야 한다. 자신의 삶은 없고 남을 위해서만, 남에 의해서만 살다 보면 종국에는 큰 허탈감과 허무함을 느끼게 된다. 자신의 삶에서 가장 소중한 사람은 자기 자신이라는 사실을 알고 자기 자신을 위해서 행동해야 한다.

그런데 자신을 위해서 사는 것은 비도덕적이라고 생각하는 사람이 많다. 그런 사람은 한번 생각해 보라. 비행기에 타면 비상시 산소 호흡기 착용에 관한 규칙으로 산소 호흡기를 자신이 먼저 착용하고 그다음에 노약자나 어린아이를 도와주라고 말한다. 이것이 비도덕적인가? 산소 호흡기를 나이 드신 부모님이 먼저 착용하도록 하고, 어린아이부터 먼저 착용하도록 해야 하는가? 아니다. 내가 먼저 착용해야 노약자를 도와줄 수 있다.

'수신제가치국평천하'라는 말도 있듯이 자기 자신을 먼저 돌봐야 한다. 자신을 잘 돌볼 줄 아는 사람에게 남을 돌볼 자격이 있다. 자신은 돌보지 않으면서 남을 돌보는 것은 어리석은 짓이고 바람직한 행동이 아니다. 자신을 돌보지 않고 남을 위해서만 사는 삶은 인생의 뒤안길에 아쉬움이 남을 수밖에 없다. 그러므로 자신을 위해서 살고 자신을 인생의 주인공이라고 믿으며, 자신을 우선순위에 두는 것은 비도덕적이지 않다.

행복한
이기주의자

　이기주의자가 되어야 한다. 이기주의자에는 생산적 이기주의자가 있고, 파괴적인 이기주의자가 있다. 자신의 이권을 얻기 위해서 서슴없이 남에게 상처와 아픔을 주는 사람은 파괴적인 이기주의자이다. 그들은 우리 사회의 암적인 존재이다. 남이 받을 상처 따위에는 관심이 없다. 오직 자신의 이권에만 관심이 있다. 반면 생산적인 이기주의자는 남을 배려하고 도울 수 있을 때는 도우면서 자신을 위해서 산다.

　웨인 다이어는 《행복한 이기주의자》의 저자이다. 이 책의 핵심은 '나를 사랑하고 나 자신을 사랑하는 데 있어서 필요한 새로운 경험과 행동을 주저하지 말고 하라'는 것이다. 나 자신을 사랑하고 자신에게 필요한 행동과 경험을 주저하지 말아야 하는데, 이를 방해하는 요소들이 있다. 그것은 바로 남의 시선에 신경 쓰는 것이고, 과거에의 연연, 자책, 걱정 등이다. 행복하고 생산적인 이기주의자가 되어야 자신의 삶을 풍요롭고 행복하게 만들 수 있다. 이를 위해서는 방해 요인을 제거하고 생각의 끈을 끊어야 한다. 그래야만 자신을 사랑할 수 있고, 자신을 사랑하기 위한 새로운 경험과 행동을 시도할 수 있기 때문이다.

지난날의 괴로움은
당장 떨쳐 버려라

자신에게 해로운 행동을 스스로 하는 경우가 있다. 여러 가지가 있을 수 있지만 크게 두 가지를 말하고 싶다. 하나는 과거의 상처를 되새김질하는 것이다. 1년이 지나고 10년이 지나도 계속 마음에 품고 되새김질하면서 힘들어하는 것은 자신을 해치는 일이다. 다른 하나는 미워하고 증오하는 사람을 마음에 꼭꼭 간직하고 사는 것이다.

이렇게 과거에 받은 괴로움이나 상처를 가슴에 담고 있으면 미래 지향적이 될 수가 없다. 과거의 괴로움과 아픔을 마음에 품고 사는 사람에게 "당신의 꿈은 뭔가요?"라고 물어보면 대부분이 답하지 못한다. 이는 과거에 맺힌 응어리가 현재 그 사람의 발목을 잡고 있기 때문이다. 그 결과, 현재에 충실하지 못하고 미래 지향적이 되지도 못한다. 미래의 꿈과 목표를 위해서는 현재 해야 할 일에 집중하고 에너지를 쏟아부어야 하는데 그러지 못하는 것이다. 그러므로 흐르는 강물에 낙엽을 띄워 보내듯이 오늘 당장 과거의 아픔과 괴로움은 떨쳐 버려야 한다.

나는 나를 벗 삼는다

《吳友我(오우아): 나는 나를 벗 삼는다》, 이 책은 박수밀 교수의 고전 에세이이다. 현대 사회에서 살면서 우리는 엄청나게 많은 관계에 휩쓸리게 된다. 모임, 동창 등등 많은 관계가 있다. 그 관계에서 상처를 받는 경우가 많다. 사람 때문에 아파하는 경우가 많다. 그렇기 때문에 진정 우리를 위로해 주고 감싸 줄 수 있는 벗이 필요하다. 그렇다면 우리에게 가장 큰 힘과 위로를 줄 수 있고 우리를 감싸 줄 수 있는 벗은 누구일까? 바로 우리 자신이다. 그래서 자신을 벗 삼아야 한다.

그런데 관계 과잉에서 가면을 쓰고 사는 사람이 많다. 가면이 한두 개가 아닌 사람도 많다. 정작 자신의 진짜 모습을 모른 채 집과 직장에서 가짜의 가면을 쓰고 산다. 그렇게 오랫동안 가짜 가면을 쓰고 살다 보면 자신의 진정한 모습, 자신의 본질을 잃게 되는 안타까운 일이 생긴다. 다른 이의 판단에 휘둘려서 가면을 쓰고 가짜의 나로 사는 것이다.

잃어버린 나를 찾아야 한다. 잃어버린 나를 찾기 위해서는 자기답게 살기 위해서는 삶의 태도가 바뀌어야 한다. 삶의 태도를 바꾸는 데 방해 요인은 바로 욕심과 욕망이다. 남에게 잘 보이고 싶은 욕망, 사랑받고 싶은 욕망이 가장 큰 방해물이다. 이처럼 욕망이 클수록 삶의 태도를 바꾸기가 힘들다. 남에게 잘 보이고자 하는 욕망을 버리지 않으면 삶의 태도를 바꾸지 못하고 계속 가짜의 자신으로 살게 된다.

욕망을 다스리기 위해서는 잠시 멈추는 것이 중요하다. 잠시 멈추어야 자신의 모습을 보게 되고 자신에게 욕심과 욕망이 얼마나 많은지를 알게 된다. 이렇게 욕망을 다스리면 삶의 태도가 바뀌게 되고 결국 당당히 혼자 걸어갈 수 있는 힘이 생긴다.

우리 삶의 주인은 누구인가? 바로 자기 자신이다. 이것을 깨달으면 당당하게 혼자 걸어갈 수 있는 힘을 얻게 된다. 자신이 삶의 주인이 되고 자신이 자신의 벗이 될 수 있다.

착한 사람을 그만두면
인생이 편해진다

데이먼 자하리아데스 작가의 책 제목이다. 《착한 사람을 그만두면 인생이 편해진다》, 이 책의 핵심 내용은 거절의 기술을 터득하는 것이 중요하다는 것이다. 남이 요구하는 것을 거절해야 하는데 남의 눈치를 보면서 거절하지 못하는 사람이 얼마나 많은가? 그들은 왜 거절하지 못하는 것일까? 부당한 요구나 무리한 부탁을 딱 거절하면 나중에 문제가 생기지 않는데도 말이다. 만인의 연인이 되고 싶은 마음은 아니더라도 남을 의식하는 마음이 많기 때문이다. 남에게 잘 보이고 싶은 마음이 있기 때문이다. 다른 사람의 심기를 건드리지 않고 싶기 때문이다. 또는 요구하는 상대의 행동이나 말에 겁을 먹어서 거절하지 못하는 경우도 있다. 이 외에도 많은 이유가 있겠지만 결국은 다 남을 의식하고 남에게 휘둘리기 때문이라고 할 수 있다. 남에 의해서 사는 삶, 남을 위한 삶, 이런 삶에는 시간이 지날수록 공허함만 남는다. 요구나 부탁을 들어줘도 남들은 그다지 고맙게 생각하지 않는다. 물론 감사하게 생각하고 오랫동안 보은하려는 사람도 간혹 있지만 대부분은 잘해 주면 더 기고만장해진다.

데이먼 자하리아데스의 책 내용처럼 착한 사람을 그만두는 삶의 자세가 필요하다. 착한 사람을 그만둔다는 것이 못된 사람이 되는 것은 아니다. 남에 의해서, 남을 위한 삶이 아닌 나 자신의 삶을 추구하고, 자신의 감정과 자신의 가치관을 우선시해야 한다는 얘기이다. 남에 의한 삶은 착하게 산다는 그럴듯한 말로 표현할 수 있다. 그러나 그렇게 살면 인생의 뒤안길에서 몹시 후회하게 된다.

이제부터라도 자신을 위한 삶을 추구하려면 생각, 행동, 말의 중심에 자신을 두고 자신이 좋아하는 것, 자신이 바라는 것을 우선시해야 한다. 그렇게 하면 못된 이기주의자가 되는 것이 아니다. 자신을 돌보는 훨씬 더 멋지고 자존감 높은 사람이 될 수 있다. 오랫동안 착하게 살아야 한다는 말에 눌려서 남의 눈치를 보고 남을 의식하며 행동했다면 이제 자신을 먼저 생각하는 마음으로 바꾸어 보라. 그러면 인생이 편해진다.

좋은 글귀나 영상 내용이
내 것이 되려면

> C 씨는 좋은 책과 영상을 가까이 접하면서 항상 자신을 업그레이드하고 발전시키기 위해서 노력하는 사람이다. 하지만 C 씨가 항상 느끼는 것은 책의 좋은 글귀를 읽을 때만 좋을 뿐 시간이 지나면 다시 옛날처럼 돌아가고, 돌아가면 안타까워하고 포기하려는 마음이 된다. 어떻게 하면 자신의 것으로 만들 수 있을까를 고민하고 있다.

사람은 힘든 일이나 어려운 일을 당했을 때 자신의 단점을 알게 된다. 그 단점을 보완하기 위해서 좋은 책이나 영상을 가까이하며, 그 좋은 글귀처럼 영상의 내용처럼 자신을 바꾸겠다는 생각을 하게 된다. 하지만 며칠이 지나면 다시 원점으로 돌아가 있는 자신을 발견하고 무너지는 사람이 너무나도 많다.

무언가를 자신의 것으로 만들기 위해서는 첫째로 '구구단을 외우듯이'라는 말을 떠올릴 필요가 있다. 모두 기억하겠지만 구구단은 한 번 읽는다고 외워지지 않는다. 꾸준히 반복하고 또 반복하여 시간과 열정을 많이 쏟아야만 구구단이 외워진다. 그렇게 외운 구구단은 몇십 년이 지나도 줄줄 외울 수 있을 정도로 뼛속 깊이 박힌다. 완전히 자기 것이 된 것이다. 구구단 암기는 선생님의 강요 등에 의해 반강제적으로 했다. 하지만 자신의 삶의 중요한 변화는 자신과의 싸움이기 때문에 며칠 하다가 스스로 타협하는 경우가 많다. 그래서 작심삼일이라는 말이 나오는 것이다. 어떤 마음을 굳게 먹더라도 며칠 지나면 무의미해지고 별생각이 없어지는 것이다. 그런 작심삼일이 되지 않기 위해서는 어릴 때 구구단을 외웠듯이 꾸준히 반복적으로 노력할 필요가 있다.

무언가를 자신의 것으로 만들기 위해서는 둘째로 '머리카락 자라듯이'라는 말을 명심해야 한다. 머리카락이 하루하루 자라는 것은 보이지 않지만 어느 정도 시간이 지나면 머리카락이 훌쩍 자라 있는 것을 알게 된다. 자신의 자존감을 높이고 단점을 고치는 것도 이렇게 머리카락 자라듯이 하루하루는 볼 수는 없지만 시간을 계속 쏟으면 변화된 자신의 모습을 볼 수 있게 된다. 또한 꾸준히 노력하면 자신의 변화된 모습뿐 아니라 주변 사람과 환경도 변화되어 있는 것을 알게 된다. "첫술에 배부르랴."라는 우리나라 속담이 있다. 어떤 일이든지 단번에 만족할 수는 없다는 의미이다. 반복적으로 꾸준히 그리고 시간을 쏟아야만 오랜 버릇과 습관에서 벗어날 수 있다.

미운 사람을 마음에서 빼내야 하는 이유 4가지

살다 보면 미운 사람이 생길 수 있다. 왜 미워하게 되는가? 상대가 미운 짓을 했기 때문이다. 상처 주고 아픔 주고 배신하고 험담하는 등 미운 짓을 하는 사람을 미워하는 것은 당연한 일이다. 우리는 성인군자가 아니므로 미운 짓을 하는 사람은 미워할 수밖에 없다. 그럼에도 불구하고 미운 사람을 마음에 두고 사는 것은 너무나도 안 좋다. 미운 사람을 마음에서 빼내야 하는 이유는 다음과 같다.

첫째, 미운 사람을 마음에 두고 살면 미운 사람을 닮아 간다. 폭력적인 아버지를 싫어했던 자식이 나이가 들면 그도 폭력적인 행동을 한다. 폭력적인 아버지의 모습을 오랫동안 보면서 무의식에서 폭력성이 자리를 잡아 자신도 모르는 사이에 비슷한 행동을 하는 것이다. 마음에 자리를 잡고 있는 미운 사람과 닮아 간다. 이는 너무 끔찍한 일이 아닌가?

둘째, 미운 사람을 마음에 두고 살면 자신의 격을 떨어뜨리게 된다. 미운 사람을 생각하면 우리 입에서 나오는 말이 부정적이 되고 욕이 담기며, 매사에 불평스럽게 말하게 된다. 그런 우리를 다른 사람이 볼 때 격이 떨어지는 사람이라고 생각하게 된다.

셋째, 미운 사람을 마음에 두고 살면 미래 지향적이 되지 못한다. 과거에 싸이면 미래를 위한 행동이나 생각을 못 하게 된다. 미운 사람은 우리를 과거에 가두고 미래 지향적인 사고를 못 하게 막는다.

넷째, 미운 사람을 마음에 두고 사는 것은 건강에 좋지 않다. 미운 사람을 마음에 두는 것은 우리의 밸런스를 무너뜨려 정신적으로나 육체적으로 상처를 주기 때문이다.

그러므로 마음에 있는 미운 사람은 빼내야 한다. 물론 쉽지는 않다. 그래도 부단히 노력해서 조금씩 조금씩 미운 사람을 마음에서 빼내야 한다. 인간의 작고 좁은 마음에는 미운 사람을 둘 공간이 없다. 발전적이고, 자신의 격을 높이며, 자신의 미래에 도움이 되는 것만을 마음에 두기에도 마음의 공간은 작다.

속이 후련하고
시원합니다

B 씨는 가정주부로서 가족을 위해 최선을 다했던 사람이다. 어려운 일이 생겨서 그 심적 부담을 해결하고자 좋은 글귀, 좋은 영상 등 여기저기에서 도움이 될 만한 것을 찾았다. 그런데 그런 좋은 영상, 말, 글귀가 B 씨의 마음을 편안하게 하거나 후련하게 해 주지 못하여 여전히 답답한 마음을 가지고 있다.

내가 올린 동영상을 보고 "선생님의 말씀을 듣고 나면 속이 시원합니다. 속이 후련합니다."라는 댓글을 다는 분이 많다. 그렇다면 그동안 왜 속이 시원하지도 않고, 후련하지도 않았을까? 다른 매체가 속이 시원하게 해 주지 못하고 속이 후련하게 해 주지 못한 이유는 무엇인가? 현대 사회에서 어려움이나 곤궁한 상황에 처해 도움을 청하는 사람이 많다. 그 사람들은 좋은 말, 좋은 글귀, 좋은 영상을 통해서 자신의 어려운 상황을 극복하려고 한다. 그런데 그런 매체들을 쭉 보고 있노라면 모든 잘못이 우리 탓이라는 방향으로 끌고 가는 경우가 대부분이다. '내 탓이요, 다 내 잘못이다.'라는 생각을 하게끔 만든다. 그래서 잘못한 것 없이 최선을 다해 살아온 사람이 못된 소인배를 만나 깊은 상처를 받았음에도 불구하고 '다 내 탓이다. 다 내 잘못이다.'라고 생각하는 경우가 많다. 여기서 문제가 생긴다. 항상 최선을 다해서 삶을 진지하게 살아왔는데 어떤 곤궁한 상황의 원인이 나 때문이라는 것에 수긍하기가 어렵다. 도대체 도를 얼마나 닦아야 한단 말인가? 나름대로 최선을 다하면서 살아왔는데 얼마나 더 자신을 독려하고 도인의 길로 가야 하나? 다 내 탓이라는 생각뿐이다. 그러니 좋다고 하는 글과 영상을 보아도 속이 시원하지 않고 후련하지도 않은 것이다.

우리 대부분은 평범한 인간이다. 성인군자도 아니고 해탈의 경지에 오른 도인도 아니다. 우리가 스스로 생각할 때 삶에 최선을 다했다면 자신의 잘못이라고 생각할 필요가 없다. '내 탓이다, 내 잘못이다.'라는 유교적인 규범과 잣대로 자신을 재단할 필요가 없다. 우리는 21세기에 살고 있다. 복잡하고 처절한 초경쟁 시스템 안에서 살고 있다. 500년 전이나 700년 전처럼 한가하게 하루 종일 명상할 수 없고 한가하게 도를 닦을 여유도 시간도 없다. 지금은 그런 오래전의 유교적인 규범으로 자신을 옭아맬 필요가 없다.

"싫으면 싫다. 잘못된 것은 잘못되었다."라고 말하는 것이 뭐가 그리 문제이고 어려운 일인가? 자신은 최선을 다해서 살다가 어려운 일이 생겼는데 그것이 어떻게 내 탓이란 말인가? '내 탓이 아니다. 내 잘못이 아니다.'라고 생각하고 자신을 더 아끼고 자신을 더 존중하는 마음을 가질 때, 그런 어려움을 더 쉽게 극복할 수 있다.

스스로
모욕 주는 사람

　이 세상에 스스로 모욕 주는 사람이 있을까? 아마 스스로 모욕 주고 싶은 사람은 아무도 없을 것이다. 모욕은 경멸, 무시, 조롱, 비하 등의 아주 나쁜 것을 모두 아우르는 것이다. 스스로에게 이런 나쁜 것을 주는 사람이 이 세상에 있을까? 안타깝게도 너무나도 많은 사람이 자신에게 모욕을 주면서 사는 것 같다. 어떤 사람이 스스로에게 모욕을 주는 사람인가? 남과 비교하는 사람이다. 남과 비교하면서 스스로 부족한 것을 찾고 스스로 괴로워하는 사람이 바로 자기 자신에게 모욕 주는 사람이다. 이는 빌 게이츠가 한 말이기도 하다.

　자신이 비교하는 남을 곰곰이 생각해 보자. 남을 잘 알고 있는가? 자기 자신은 장점, 단점, 약점 모든 것을 알고 있는 상황이고, 비교 대상인 남은 오직 외부로 보이는 것만 알기 때문에 박탈감과 허탈감이 안 들 수가 없다. 비교 대상은 겉으로 보이기만 하는 상황이고, 자신은 단점, 결점, 약점, 부족한 것, 상처, 어려움, 모든 것을 다 알고 있기 때문에 비교할 수 있는 대상이 아니다. 기울어진 운동장에서 축구 경기를 하는 것과 같다. 그렇기 때문에 남과 자신을 비교하여 힘들어하고 괴로워하는 것은 스스로 모욕을 주는 것과 같다.

　남과 자신을 잘 비교해서 힘들어하고 정신적으로 괴로워하는 사람은 자신이 가지고 있는 것을 곰곰이 생각해 볼 필요가 있다. 감사할 것은 어떤 것이 있는지를 찾아볼 필요가 있다. 남들도 다 누리고 있고 남들도 가지고 있는 것은 감사할 게 아니라고 생각하지 말고, 자신이 누리고 있고 가지고 있는 것을 찬찬히 생각해 보면 의외로 감사할 것이 많다. 사소한 것도 감사함을 느끼기에 충분하다. 그렇게 주변에 깔려 있는 감사할 거리들을 생각하고 감사한 마음을 가지면 그다지 남과 비교하고 싶은 생각이 들지 않게 된다. 감사한 마음이 많은 사람이 남과 비교하겠는가? 남과 비교하려는 생각이 든다면 자신의 주변에서 감사한 것을 찾아보고 감사하는 버릇을 가지면 어느 순간 남과 비교하며 스스로 모욕 주는 행동은 없어지리라고 본다.

반복적인
연습 끝에

　자존감이 낮은 사람이 자존감을 높이는 방법을 알고 싶어 하는 경우가 많다. 어떻게 하면 무너져 있는 자존감을 높일 수 있는지, 비법은 무엇인지를 궁금해하는 것은 당연한 일이다. 자신의 문제가 낮아진 자존감 때문이라는 것을 아는 것만으로도 큰 성과이다. 낮아지고 무너진 자존감을 높이는 것은 삶에서 아주 중요하다. 그렇다면 무너진 자존감을 높일 수 있는 비법은 무엇일까? 그런 비법이 있다면 얼마나 좋을까?

　무너진 자존감을 회복하여 높은 자존감을 가진 사람들에게 물어보면 답을 찾을 수 있을 것이다. 낮은 자존감을 되살린 경험이 있는 사람의 생각이 비법일 수 있다. 그런 사람들은 공통적으로 "반복적인 연습 끝에."라는 말을 꼭 하는 것을 볼 수 있다. 무너져 있는 자존감이 하루아침에 높아질 수는 없다. 오랜 시간 스스로 노력해야 한다. 오랜 시간 스스로 부단히 노력해야만 무너져 있는 자존감을 높일 수 있다. 여러 가지 방법을 반복적으로 연습해야 한다. 한두 번이 아니라 매일매일 습관적으로 반복적으로 연습하다 보면 서서히 자신의 습관으로 자리 잡게 되고 무너진 자존감이 되살아나서 자존감이 높아진다.

　자존감이 무너져 있을 때 누구나 하루빨리 자존감을 높이고 싶을 것이다. 조급하게 생각하고 접근하다가는 쉽게 높아지지 않는 자존감을 보고 다시 힘들어하고 괴로워할 수 있다. 조급한 마음은 무너진 자존감을 높이는 데에 가장 큰 장애물이다. 자신을 존중하고 사랑하는 버릇이 안 들어 있는 사람이 갑자기 바뀌지 않기 때문이다. 조급해하지 말고 꾸준히 반복 연습을 하겠다는 마음으로 시작해야 한다. 하루아침에 일주일 만에 바뀌지 않더라도 꾸준히 반복적으로 연습하다 보면 어느새 자신이 변해 있는 것을 느끼게 된다. 그 순간부터 무너진 자존감이 회복되기 시작한 것이 아닐까? 그러므로 조급한 마음을 가지지 말고 매일매일 반복적인 연습으로 자신의 자존감을 높이는 것이 중요하다.

남을 위해서
살기 위해
필요한 자격증

남을 위해서 삶을 사는 사람이 많다. 남의 행동을 의식하고 남의 태도, 말, 눈빛 등을 의식하여 남을 위해서 어떻게든 본인이 잘하려고 노력하는 사람이 많다. 그렇게 하다 보면 남에게 휘둘리게 되는데 그것도 잘 인식하지 못한 채 반복적인 행동을 한다. 그렇게 하는 이유가 무엇인가? 버릇이 되어 있기 때문이다. 너무나도 오랜 버릇이 되어 있기 때문에 쉽게 바뀌지 못한다. 안타까운 노릇이다.

남을 위해서 생활하고 행동하는 것은 좋은 일이다. 하지만 남을 위해 살기 위한 자격 요건이 있다. 이 자격 요건을 갖추지 못하면 남을 위해서 살 자격증이 없는 것과 같다. 그렇다면 남을 위해서 살기 위해 필요한 자격증은 무엇일까?

그것은 나를 위하는 행동과 생활을 하는 것이다. 자신을 위하지 않는 사람이 남을 위한다는 것 자체가 모순이다. 남을 위해서 행동하고 말하기 전에 먼저 자기 자신을 위해 행동하고 말하고 생각했는지 꼭 살펴볼 필요가 있다. 자기 자신도 위하지 않으면서 남을 위한다는 것은 우스운 얘기가 아니겠는가?

자신을 위한다는 것은 무엇인가? 바로 본인이 하고 싶은 일을 하고, 하고 싶은 행동을 하며, 부당함에 용기 있게 맞서고, 부당한 요구를 단호하게 거절하는 것이다. 내면에서 올라오는 생각, 말 등을 스스럼없이 자신을 위해서 표출하는 것이다. 그렇게 자신을 위해서 산 사람이 이제 남을 위해서 행동할 수 있다.

너무나도 많은 사람이 자기 자신은 돌보지 않으면서 남을 의식하고 남을 위한다고 스스로 위로한다. 그렇게 어리석은 생각으로 살다가 남의 행동이나 말에 휘둘려 깊은 상처와 아픔으로 큰 시련을 겪는 사람이 너무나 많다. 남을 위하기 전에 나를 위하는 것이 남을 위한 자격증과 같은 것이다.

사람이 죽기 전
가장 후회하는 5가지

호주 출신의 작가 브로니 웨어는 영국으로 여행을 갔고 그곳에서 여행 경비를 벌기 위해 중환자실에 일하게 된다. 죽음을 앞둔 환자들을 간호하고 많은 대화를 하면서 그들이 후회하는 공통적인 몇 가지를 알게 되었다. 그 공통적인 후회를 5가지로 정리해서 책《죽음을 앞둔 사람들이 남긴 후회 5가지》를 냈다. 그 다섯 가지는 다음과 같다.

1. 남들의 기대에 부응하기 위해 진정한 나 자신으로 살지 못했다.
2. 너무 열심히 일했다.
3. 자신의 감정을 표현할 용기를 내지 못했다.
4. 지인들과의 연락을 꾸준히 하지 못했다.
5. 자신을 더 행복하게 만들지 못했다.

이 다섯 가지가 모두 중요하다. 특히 저자는 "많은 환자가 행복이란 자기 자신이 만드는 것이란 걸 깨닫지 못했다."라고 말했다. 죽음의 문턱에서야 자신의 행복은 남이 아닌 가족도 아닌 자기 자신이 만들었어야 한다는 것을 알게 되었다는 것이다. 자신을 더 행복하게 하지 못했고, 남의 기대와 남을 위해 사느라 자기 자신으로 살지 못했다는 사실이 죽음의 문턱에서 가장 크게 후회되는 것이라고 할 수 있다. 남의 기대에 부응하기 위한 삶이 아니라 자기 자신을 위해 자신을 더 행복하게 만들려면 어떻게 살아가야 하는가를 생각할 필요가 있다. 인간은 사회적 동물이기 때문에 남을 의식하지 않을 수 없다. 부모의 기대, 자식의 기대, 배우자의 기대에 부응하기 위해 일하며 1,000년을 살 것처럼 열심히 살아간다. 하지만 죽음의 문턱에선 왜 그렇게 살았을까를 후회한다는 것이다.

젊고 활동적일 때도 마찬가지이다. 사람들은 '지금 무슨 일을 하느냐? 어떤 성과가 있느냐? 남에게 대접을 받느냐?' 이런 것이 중요하다고 생각하며 살아가기 때문에 인생의 뒤안길에선 후회하게 된다. 젊고 활동적일 때부터 자신을 더 행복하게 만들도록 자신을 변화시키고 자신을 더 중요시하는 태도가 행복한 삶의 초석이 된다. 그랬을 때 어떤 일을 하든 자신의 행복을 위해서 할 수 있다. 남의 기대에 부응하려는 남의 인생을 살지 않기를 바란다.

우울증과 공황장애
극복의 중요한 초석

현대 사회를 살면서 많은 사람이 정신적인 고통을 품고 있다. 물론 갱년기 우울증처럼 호르몬의 변화로도 우울증이나 공황장애가 생길 수 있지만, 많은 경우에 정신적 타격이 원인인 것을 볼 수 있다. 그 정신적 타격은 트라우마로 남아서 지속적으로 사람을 무기력하게 만들고 불안과 공포심을 불러일으키며 결국 우울증이나 공황장애와 같은 정신적인 문제를 야기한다.

우울증이나 공황장애를 겪고 있는 사람에게 가장 큰 힘이 될 수 있는 존재는 바로 가족이다. 가족이 사랑으로 감싸고, 진심 어린 위로를 해 줄 때 그 긴 터널에서 조금씩 조금씩 벗어나게 되어 있다. 그 일은 가족에게도 쉽지는 않지만 서로 힘을 합쳐서 그 어려움을 극복해야 한다. 하지만 큰 힘이 되어 줄 것 같은 가족이 우울증이나 공황장애를 잘 이해하지 못하면 어설픈 충고를 하게 된다. "정신 차려. 너보다 못한 사람도 많아. 그것 가지고 왜 그래?" 이런 어설픈 충고는 깊은 고통에 빠져 있는 사람을 더 힘들게 할 뿐이다. 물론 가족도 얼마나 답답하고 힘들었으면 그렇게 말했을까. 하지만 정작 도움은 되지 않는다. 이렇게 가족에게 도움을 받기는커녕 오히려 가족 때문에 우울증이나 공황장애를 겪는 분이 많다.

이런 상황에서 우울증이나 공황장애를 극복하는 가장 중요한 초석은 무엇인가? 바로 위로이다. 진심 어린 위로, 그 사람의 입장에서 같이 아파해 주는 진심 어린 위로가 가장 중요하다. 가족에게 위로를 받는 것도 쉬운 일은 아니다. 가족이 완벽하게 이해하기란 사실 불가능하기 때문이다. 그렇다면 진심 어린 위로를 어디서 받으란 말인가? 자신이 자신을 위로해야 한다. 거울을 보고 자신의 눈을 보면서 이렇게 말해 보는 것이다. "넌 최선을 다했어. 넌 열심히 살았어. 난 네가 자랑스러워. 지금 너무 힘들지? 지금 너무 아프지? 하지만 넌 최고야." 이와 같은 따뜻한 위로의 말을 자신에게 계속해서 건네다 보면 얼어붙은 감정이 조금씩 녹을 수 있기 때문이다. 우울증이나 공황장애 극복의 초석은 위로이고, 가장 크고 힘이 센 위로는 자기 자신이 스스로 하는 위로이다. 이런 강한 위로를 반복하면 자신을 사랑하게 되고 자신을 더 존중하게 되면서 자존감이 높아진다. 위로의 반석이 아니면 자존감은 쉽게 형성되지 않는다. 자신을 따뜻하게 위로하자.

나쁜 사람은
벌을 받습니까?

오래전에 마음에 깊은 상처를 받은 주부 A 씨는 그 상처에서 벗어나려고 많은 노력을 기울였다. 그 덕분에 어려운 시기를 지내고 그 큰 상처와 어려움에서 벗어날 수 있었다. 하지만 그 상처를 준 나쁜 사람이 벌을 받는 것을 너무 보고 싶어 한다. "저렇게 나쁜 사람은 왜 벌을 안 받을까요?"라고 탄식한다.

우리는 가끔 생각한다. '나쁜 사람이 더 잘 살고, 더 행복하게 지내는 것 같다. 왜 나쁜 사람이 벌을 받지 않는 걸까?'라고 말이다.

동서고금을 막론하고 비슷한 말이 있다. "남의 눈에서 눈물을 흘리게 한 사람은 그 자신의 눈에서는 피눈물을 흘리게 된다."라는 말이 있다. 이와 비슷한 말도 수없이 많을 것이다.

우리에게 피해를 준 나쁜 사람에게 벌을 주고 싶은데, 안타깝게도 우린 벌을 줄 수가 없다. 그것은 우리의 영역이 아니다. "그렇다면 나쁜 사람은 벌을 받긴 하나요?"라고 물을 수 있다. 고통스러운 벌을 받았으면 좋겠는데 과연 그런 사람은 벌을 받게 될까?

벌에는 두 종류가 있다. 우리가 볼 수 있는 벌이 있고, 우리가 볼 수 없는 벌이 있다. 대부분은 우리가 볼 수 있는 벌을 받아야 나쁜 사람이 벌을 받았다고 생각한다. 하지만 우리가 볼 수 없는 벌이 많다. 어쨌든 나쁜 사람은 벌을 받는다. 우리가 볼 수 없을 뿐이지 벌을 받고 있다. 만약 우리가 그 나쁜 사람의 마음속 깊이 들어가서 볼 수 있다면 '아! 벌을 받고 있구나. 겉으로 보이는 것과는 다른 벌을 받고 있구나.'라고 생각하게 될 것이다. 나쁜 사람이 벌을 받고 안 받고는 중요하지 않다. 남의 눈에서 눈물을 흘리게 한 사람은 어떻게든 자신의 눈에서 피눈물을 흘리게 되어 있으니 신경 쓸 필요가 없다. 만약에 벌을 직접 주고 싶어서 눈에 보이는 고통을 직접 가하게 되면 문제가 심각해진다. 흉측한 사건 사고에 휘말리게 된다. 그러므로 아무리 나쁜 사람이라도 우리가 벌을 직접 주려고 하면 안 된다.

　나쁜 사람을 미워하는 마음에 사로잡혀서, 자신을 발전시키거나 업그레이드하는 데는 소홀한 사람이 많다. 어떻게 벌을 줄 것인가에만 집착하다가 자신은 돌보지 못하는 사람이 많다. 나쁜 사람에게 처절하게 복수하는 것은 내가 보란 듯이 잘 사는 것이다. 보란 듯이 잘 살기 위해서는 자신을 사랑하고 존중하며 자신을 발전시킴으로써 자존감을 높여야 한다. 봄에 피는 꽃도 있고 여름에 피는 꽃도 있다. 봄에 피는 벚꽃은 사계절 내내 필 것 같지만 금방 져 버리고, 여름, 가을, 겨울을 꽃 없이 보낸다. 겨울에 피는 동백꽃을 생각해 보자. 만약에 자신이 겨울에 피는 동백꽃인데, 봄꽃에 상처를 받고, 여름꽃에 상처를 받고, 가을꽃에 상처를 받아서 자신을 돌보지 않으면 겨울이 왔을 때 본인의 꽃을 피울 수가 없다. 이는 너무나도 안타까운 일이 아닐 수 없다. 나쁜 사람을 가슴에 담고 있어 꽃을 피울 준비를 하지 못하고 영양분을 제공하지 못해서 자신의 계절이 왔을 때 꽃을 못 피우는 실수는 범하지 말아야 한다. 조금 늦더라도 자신의 꽃이 있으므로 자신의 꽃을 피우기 위해서 준비를 철저히 해야 한다. 바로 자신을 진심으로 이해하고, 위로하며, 사랑하고 존중하면 영양분도 섭취하고 준비도 잘하게 되어 자신의 계절이 왔을 때 아름다운 꽃을 피울 수 있다.

진짜 화나네

A 군은 남에게 해로운 짓은 못 하고 싫은 말도 못 하지만 어떤 한 사람만 생각하면 올라오는 화를 주체할 수가 없다. 평상시에는 그럭저럭 지내다가도 밤이 되면 그 사람이 생각나고 화가 치밀어서 밤잠을 설치면서 괴로워하고 힘들어한다.

살다 보면 우리를 화나게 하는 사람을 만날 수 있다. 평생 우리를 화나게 만드는 사람을 만나지도 않고 사는 것은 불가능하다. 우리를 화나게 만드는 사람을 B라고 했을 때, B가 한 말이나 행동, 태도, 눈빛, 배신 때문에 화가 치솟는다. 많은 사람이 혼자 있을 때 갑자기 생각나는 B 때문에 괴로워하고 잠을 설치기도 한다.

화의 게이지를 0~100으로 보았을 때, 처음에는 화가 10~20으로 올라온다. 늦은 밤에 이렇게 화의 게이지가 10~20으로 올라오면 혈압도 상승하고 분하며 억울한 마음이 쌓인다. 그때 B는 무엇을 하고 있을까? 쿨쿨 자고 있을 것이다.

우리가 화를 조절하지 못하면 화가 10~20에서 90~100으로 올라간다. 그쯤 되면 혈압도 높아지고 가슴도 뛰며, 속에서 뭔가 올라올 것 같은 분함이 가슴에 꽉 차게 된다. 몸에 좋지 않은 호르몬과 화학 물질이 분비되기 시작한다. 이때 B는 무엇을 하고 있겠는가? 역시 쿨쿨 자고 있을 것이다. 즉, 혼자 있는 시간에 화가 치솟을 때 조절하지 못하면 화가 쌓이고 쌓여서 산더미처럼 커지게 된다. 본인이 주체할 수 없을 정도로 화가 커진다. 정작 원인을 제공한 B는 쿨쿨 자고 있는데 말이다. 쉽게 말해서 우리가 화낸다고 해도, 화를 나게끔 만든 B에게 아무런 영향을 주질 못한다. 그리고 화내는 것이 억울하고, 분하고, 속상해서 화를 낸다고 말한다. 화를 낸다 해도 억울하고 분하고 속상한 것은 줄지 않고, 더 억울하고 분하고 속상하게 된다. 즉, 두 번 당하는 꼴이다. B의 어떤 행동 때문에 화가 나서 혼자 화를 내게 되면 그 자체가 첫 번째 당하는 것이고, 혼자 화를 키워 잠도 설치게 되면 두 번째 피해를 보는 것이다. 남에게 아픔이나 상처를 준 사람은 어떻게든 벌을 받게 된다. 벌주는 것은 우리의 몫이 아니다. 그렇기 때문에 화가 치솟을 때는 그 원인을 제공한 B에 대해 생각하는 걸 멈추어야 한다. 이것은 사람마다 다르고 노력에 의해서 가능하다.

100명을 무작위로 뽑아서 같은 강도의 자극을 주고 화나게 했을 때, 사람마다 화내는 강도가 다를 것이다. 어떤 사람은 화의 게이지가 100이 될 수도 있고, 어떤 사람은 1~2에서 생각의 고리를 끊어 낼 수도 있다. 즉, 화는 B가 만든 게 아니라 본인의 감정인 것이다. 본인의 감정을 조절하지 못하면 100까지 화의 게이지가 올라가고, 본인이 잘 조절하면 1~2에서 멈추게 된다. 이런 자신의 감정에 의한 화는 B와 무관하다. 자신이 스스로 화를 키우고, 쌓으며 높인 게 잘못인 것이다. 혼자 있을 시간에 화가 치솟을 때는 그 화의 원인을 생각하지 말아야 한다. 스스로 화에 사로잡히기 때문이다.

우리 마음속에서 화가 자라서 우리를 사로잡는 형국이기 때문에, 화가 우리를 사로잡지 못하게 해야 한다. 화에 사로잡히면 이성적인 판단을 할 수 없고 실수하게 되어 있다. 자신의 마음속에서 화가 생겨서 마구마구 자라는 것을 느낄 때, '나는 내 감정에 의한 화에 사로잡히지 않을 것이다.'라고 스스로 외치면서 화의 꼬리를 잘라야 한다. 사회생활이나 현대 생활에서 화의 조절 여부, 즉 자신의 화의 감정을 조절하느냐 못 하느냐는 엄청난 삶의 차이를 낳는다.

나를 아프게 하는 사람은
버리기로 했다

A 양은 심성이 고운 사람이다. 몇 년 전 너무나도 큰 배신을 당해서 삶이 피폐하고 생활하기에도 힘든 상황이었다. 죽을힘을 다해 정상적인 생활은 하고 있지만 그때의 배신을 생각하면 아직도 힘들고 마음속에 자리 잡은 그 사람을 없애 버리고 싶은데 없어지지 않는다.

《나를 아프게 하는 사람은 버리기로 했다》는 타이완 심리 전문가인 양지아링의 저서이다. 삶에서 우리의 에너지를 소모하고 상처 주는 사람은 우리 삶에서 나가게 해야 한다. 양지아링도 동양의 문화를 잘 알기에 동양권의 인간관계에 제약이 많다는 것을 얘기한다. 동양 문화권에는 상사, 선배, 가족 등과 같은 복잡한 인간관계가 있다. 그런데 집 안에 생활 쓰레기가 모이면 내다 버려야 하듯이 우리의 에너지를 소모하고 힘들게 하는 사람은 버려야 한다.

누구에게나 "당신을 힘들게 하고 상처 주는 사람을 왜 당신의 삶에서 내보내지 못합니까?"라고 물어보면 답이 대체로 비슷하다. 근본적인 이유는 삶의 주체가 본인 자신이 아니고 남이기 때문이다. 삶의 주체는 자기 자신이어야 하는데 타인이 삶의 주체로 살도록 내버려 두었기 때문이다. 타인의 눈치를 보고 타인의 비위에 맞추려고 하다 보면 자신은 만신창이가 되어 간다. 자신의 에너지가 고갈되면서도 습관적으로 그런 타인을 버리지 못하는 것이다. 인간관계의 중독처럼, 당연히 버려야 할 사람인데도 버리지 못하는 어리석은 행동을 그만두어야 한다. 너무나도 소모적이고 아픔을 주는 사람을 버리지 못하면 시간이 지날수록 나중에 더 큰 피해를 주게 된다. 자신의 주변을 쭉 둘러볼 필요가 있다. 가족이든, 오랜 친구이든, 동료이든, 자신의 삶에서 자신을 아프게 하고 자신의 에너지를 소모하는 사람은 마음에서 버려야 한다. 그 사람이 좋고 나쁨을 떠나서 삶의 주체는 자기 자신이기 때문이다. 자신에게 피해를 주고 상처를 주는 사람은 흐르는 강물에 낙엽 띄우듯이 보내야 한다. 오롯이 자신이 삶의 주체가 되면 나를 아프게 하는 사람을 쉽게 버릴 수 있다.

100년도 못 살면서
1,000년 살듯이
고민하지 말라

현대 사회는 복잡하기 때문에 생각할 것도 고민할 것도 많다. 사람마다 다르지만 고민하다가 그 고민의 늪에 완전히 빠져서 헤어나지 못하는 사람이 많다. 고민이나 걱정거리는 꼬리에 꼬리를 물면서 점점 커지는 경향이 있다. 이러한 고민의 꼬리를 자르는 연습이 필요하다. 걱정거리가 꼬리에 꼬리를 무는 것을 끊어야 한다.

처음에 A라는 고민을 하다가 그 늪에서 벗어나지 못하면 나중에는 Z까지 고민하는 어처구니없는 상태가 된다. 대부분의 걱정은 일어나지 않을 일에 대한 걱정이다. 그런데도 스스로 새로운 고민을 만들어 그 고민을 키우고 있다. 고민에 빠지는 것은 지양해야 할 마음 자세이다.

고민의 늪에 빠질 때는 이렇게 생각해 보라. '100년도 못 살면서 왜 내가 1,000년을 살듯이 고민하지?' 너무나도 많은 사람이 100년도 못 살면서 1,000년을 살듯이 고민한다. 걱정거리가 생겨서 점점 그 고민에 빠져들게 될 때, '100년도 못 살면서 내가 왜 1,000년을 살듯이 고민하지?'라고 자문해 보라. 그 고민의 늪에 더 빠지기 전에 헤쳐 나올 수 있다.

마음이 강해지면
별것 아니다

　사람에게 받은 상처와 아픔을 극복하지 못하면 우울증이나 공황장애, 대인기피증까지 생길 수 있다. 진심을 다해서 남을 위해 줬는데 배신을 당하거나 험담하는 걸 듣게 되면 정신 줄을 놓을 수 있다. 현대 사회에서도 얼마나 많은 사람이 인간관계에서 야기된 문제 때문에 힘들어하고 괴로워하는가? 어떤 사람은 그런 문제를 쉽게 넘기는가 하면 어떤 사람은 감당하지 못해서 정신 질환으로 발전하기도 한다. 그 차이는 무엇일까?

　마음이 강해져야 한다. 마음이 강하다는 것은 마음 근육이 튼튼하다는 의미이다. 마음 근육을 튼튼하게 만들려면 꾸준한 노력이 필요하다. 어떤 좋은 글 한 구절에 감명을 받았다고 해서 마음이 그냥 하루아침에 강해지지는 않는다. 좋은 동영상 한두 개를 시청했다고 마음이 강해지는 것도 아니다. 다리 근육을 키우려고 며칠 운동했다고 다리 근육이 강화되지 않은 것과 같다. 마음 근육도 다리 근육처럼 꾸준히 단련해야 생긴다.

　스스로 마음 근육을 매일 강화하고 있는지 자문할 필요가 있다. 마음 근육을 키우는 자체를 잘 이해하지 못하고 어떻게 해야 하는지를 모르는 사람도 많다. 마음 근육을 키우는 첫 번째 방법은 바로 자신을 사랑하고 존중하는 것이다. 자신의 어떤 상황도 감사하게 생각하고 지금까지 최선을 다한 자신을 스스로 사랑하고 존중하는 마음을 가져야 한다. 매일 잠시라도 자신의 심장 부위를 감싸면서 자신을 존중해 주고 지금까지 노력한 자신을 위로하고 감사하는 마음을 가져야 한다. 그렇게 매일 자신을 사랑하고 존중하는 마음을 가지다 보면 조금씩 조금씩 자신의 마음 근육이 커지고 강화되는 것을 느끼게 된다. 그렇게 마음 근육이 커지면 다른 사람으로 인한 상처, 아픔, 스트레스 등을 쉽게 넘겨 버릴 수 있다. 누군가의 폭언을 들어도 '아, 기차가 지나가는구나? 옆집에서 개가 짖는구나!'라고 생각하며 넘길 수 있는 여유가 생긴다. 마음 근육이 없는 상태에서는 남이 한 말 때문에 밤잠을 설치고 괴로워했던 사람도 마음 근육, 즉 자신을 오롯이 사랑하고 존중하는 마음이 되면 남이 한 말 때문에 밤잠을 설치는 일이 없게 된다.

은수저부터
꺼내 쓰라

자신을 사랑하는 사람이 남도 사랑할 수 있다. 자신을 사랑하지 않고 존중하지 않는 사람이 남을 사랑할 수 있을까? 자신을 사랑하고 존중하는 것이 인간관계를 잘하는 것의 시작이고 자존감을 높이는 지름길이다.

많은 사람이 의외로 자신을 사랑하는 방법에 익숙하지 않다. 가족에게 친구에게 동료에게는 최선을 다하지만 정작 자신에게 어떻게 잘해 주어야 하는지를 모르는 경우가 많다. 쉬운 방법이 있다. 집에 있는 은수저부터 꺼내서 써라. 집집마다 선물로 받은 수저 세트가 있다. 대부분은 구석에 처박혀 있는 경우가 많다. "왜 사용하지 않느냐?" 하고 물으면 "손님이 왔을 때 쓰려고요."라고 대답한다. 손님이 매일 오는 것도 아닌데, 구석에 처박혀 있는 은수저를 언제 올지 모르는 남을 위해서가 아니라 나를 위해서 쓰라.

은수저를 예로 들었지만, 자신이 가지고 있는 것 중에서 좋은 것, 귀한 것을 자신을 위해 써 버릇해야 한다. 집에서 제일 좋은 컵으로 커피를 마시고, 가장 좋은 수저와 젓가락으로 식사하는 것부터 시작해 보라. 그렇게 자신을 위해서 하나하나 최고의 것을 선물하다 보면 자신에 대한 존중과 사랑이 커질 것이다. 말로만 나는 나를 사랑한다고 하지 말고 실천으로 자신을 가꾸어야 한다. 오랫동안 가지고 있으면서 입지도 않는 옷은 과감히 버리고, 낡은 신발도 과감히 버려라. 낡은 옷, 낡은 신발을 버리지 않고 있다가 힘들 때 해진 옷과 해진 신발을 보면서 자신의 신세를 한탄하는 사람이 많다. 그런 사람의 신발장에는 좋은 신발이 가득 차 있다.

자신을 위해서 좋은 것을 쓰면서 자신을 사랑하는 마음을 가지는 것이 중요하다. 자신을 사랑해야만 남도 사랑할 수 있다.

쉽게 구할 수 있는
귀한 보물

사이토 히토리(斎藤 一人)는 일본에서 실소득이 10위 안에 들 정도로 엄청난 성공과 부를 이룬 사람이다. 사이토 히토리는 부자가 되는 습관, 인간관계 등에 관한 많은 책을 저술한 저자이기도 하다. 한 인터뷰에서 "어떻게 그렇게 성공할 수 있고 엄청난 부를 가질 수 있었느냐?"라는 질문에 다음과 같이 대답했다. "나는 항상 밝은 표정을 짓고 웃는 얼굴로 살았으며, 그런 밝은 표정과 밝은 웃음은 많은 운과 복을 가져다주었다."

밝은 표정과 밝은 웃음을 가지고 있는 사람은 일이 더 잘 풀리고 행운도 따른다. 인상을 쓰거나 화나고 찌푸린 얼굴을 하고 있으면 들어오는 복도 떠난다.

제3의 눈이 있다. 이마의 중앙에 위치한 이 제3의 눈은 창의력, 창조력, 상상력 등에 관여한다. 그런데 인상을 쓰거나 찌푸리면 주름에 의해서 이 눈이 닫힌다. 반면에 밝은 표정과 밝은 웃음을 지으면 제3의 눈은 떠진다. 삶에서 중요한 창의력, 상상력이 발휘된다는 말이기도 하다.

성공한 사람의 특징은 밝은 표정과 밝은 웃음을 지니고 있다는 사실이다. 어려운 일이 있고 스트레스를 받으면 인상을 쓰는 버릇을 가진 사람이 의외로 많다. 인상을 쓰면 그 어려운 일이나 스트레스가 사라지던가? 그렇지 않다. 어려운 일이 있고 스트레스가 있을 때 인상을 쓰면 사실 더 힘들어지는 경우가 많다. 너무나도 쉽게 구할 수 있으면서도 귀하고 귀한 보물은 바로 밝은 표정과 밝은 웃음이다.

육체 에너지와
정신 에너지

　육체적인 운동이나 활동을 위해서는 에너지가 필요하다. 움직이고, 걷고, 심장이 뛰고, 호흡하는 등 모든 육체 활동에는 에너지가 소모된다. 에너지는 소모한 만큼은 보충해야 한다. 소모된 육체 에너지를 보충할 수 있는 방법은 음식 섭취이다. 인간은 음식을 통해서 에너지를 보충하지 않으면 활동하지 못하게 되고 결국 사망하게 된다. 육체 에너지가 고갈되어 갈 때 몸에서 신호를 보낸다. 배고픔을 느끼고 먹을 것을 찾으며 고갈된 육체 에너지를 보충하려고 한다. 음식을 스스로 씹을 수 없을 때는 링거 주사를 맞아서라도 영양분을 보충해야 한다. 육체 에너지가 고갈되어 갈 때는 신호를 받고 쉽게 에너지를 보충할 수 있다.

　정신 에너지도 육체 에너지만큼 중요하다. 하지만 정신 에너지는 고갈되고 있다는 신호를 몸이 보내도 에너지 보충하는 것을 놓치는 경우가 많다. 그래서 정신 에너지를 보충하지 못하면 정신 에너지가 고갈되어 정신적인 문제가 생긴다. 정신적으로 힘들다는 신호를 보내면 이를 무시해서는 안 된다. 육체 에너지가 고갈될 때 보충하지 않는 것만큼 큰 타격을 받게 된다. 육체 에너지가 고갈될 때 육체가 보내는 신호에는 잘 응답하지만, 정신 에너지가 고갈될 때 정신이 보내는 신호에는 반응하지 않고 계속 정신 에너지를 쓰는 경우가 많다. 그러다가 결국 정신 에너지가 방전되어 정신 장애가 발생하는 것이다.

　정신 에너지를 보충하는 방법으로는 명상이나 여행이 좋다. 명상을 통해서 약해진 정신 에너지를 강화할 수 있다. 명상(Meditation)은 정신 건강에 좋다는 자료도 많고 과학적으로도 많이 검증되어 있다. 여행을 통해서도 고갈된 정신 에너지를 보충할 수 있다. 여행은 일탈을 통해서 정신 에너지를 보충하는 것이다. 매일 쳇바퀴 도는 듯한 일상의 행동 범위 내에서는 아무리 정신 에너지를 보충하려고 해도 보이는 것과 접하는 것이 일상과 연관되어 있어서 방해가 된다. 일상의 활동 영역에서 벗어나서 다른 각도로 자신을 돌아보고 다른 시선으로 자신의 상황을 보면 정신적으로 안정을 찾게 되고 에너지를 보충할 수 있다.

나 자신을
사랑하자

　다른 사람에게 잘해 주려고 하고 잘해 준다고 생각하는데도 친구가 별로 없어서 고민하는 사람이 많다. 남들은 친구도 많고 재미있게 사는 것 같은데 자기 주변에는 좋은 친구가 없어서 자신이 잘못 산 것인지를 고민하는 것이다. 그러면서 어떻게 하면 많은 친구를 사귀어서 재미있게 살 수 있는지를 알고 싶어 한다.

　아주 간단하고 명확한 방법이 있다. 먼저 자신을 존중하고 자신을 사랑하며 자신을 업그레이드하고 발전시키면서 남을 배려하면 자연히 친구가 많이 생긴다. 이것이 인간관계를 잘하는 지름길이다. 먼저 나 자신을 믿고 사랑해야 한다. 내가 나를 사랑하지 않는데 누가 나를 사랑해 줄 수 있겠는가? 내가 나를 존중하지 않는데 누가 나를 존중해 주겠는가? 먼저 나 자신을 아끼고 사랑하고 존중해야 남도 나를 사랑하고 위하고 존중해 준다는 사실을 꼭 명심하길 바란다.

자식을 사랑하듯
자신을 사랑하라

　많은 사람이 스스로를 사랑해야 하는 것은 알지만 자신을 어떻게 사랑해야 하는지는 모르는 사람이 의외로 많다. 아주 간단한 방법이 있다. 생각의 전환이 필요하다. 자식을 사랑하듯 자신을 사랑하면 된다. 물론 말처럼 쉽진 않지만 꾸준히 노력하다 보면 자신을 사랑하게 되고 존중하게 된다.

　모든 부모는 자식을 낳고 기르면서 엄청난 사랑을 쏟는다. 어릴 때 자식을 잘 먹이고 잘 입히며, 잘 이해해 주고 잘 보살펴 주려고 한다. 본인은 잘 못 먹고, 잘 못 입어도 자식에게는 많은 사랑을 쏟는 것이 부모이다. 자식이 조금 자라서 초등학교에 다니다가 누군가에게 맞고 오면 어떤가? "왼쪽 뺨을 맞았으면 오른쪽 뺨을 대 주지, 왜 안 그랬니? 참아라. 참는 게 복이다." 세상에 이렇게 말하는 부모는 없을 것이다. 화가 머리끝까지 치밀어서 "왜 너는 때리지 않았어?"라고 말하고 때린 학생을 어떻게 벌을 받게 할까 생각할 것이다.

　하지만 정작 본인은 남에게 상처를 받고 고통을 당해도 참는다. 자식에게는 참지 말라고 하면서 본인은 참는 경우가 많다. 자신을 사랑해야지 가족도 사랑할 수 있고 남도 사랑할 수 있다. 본인을 사랑하지도 않는 사람이 남을 사랑한다는 것은 우스운 얘기다. 자식을 사랑하듯이 자신을 사랑하다 보면 자신이 얼마나 고귀한 존재이고 귀중한 존재인지 알게 된다. 자존감이 높아져서 비굴하게 행동하지도 남의 눈치를 보지도 않게 된다. 남이 상처 주었을 때 한마디도 못 하고 혼자 괴로워하며 밤잠을 설치는 바보는 되지 말아야 한다. 자식을 사랑하듯이 자신을 사랑하라.

남의 말에
속지 않으려면

　남의 말에 쉽게 속고 휘둘리는 사람이 있다. 우유부단하기도 하고 줏대 없이 질질 끌려다닌다. 그런 태도는 고쳐야 한다. 왜 그렇게 남의 말에 잘 속고 휘둘리게 될까? 그것은 그 분야에 대한 경험과 지식과 실력이 없어서 자기 확신도 없기 때문이다. 재테크를 예로 들어 보자. 말도 안 되는 상품에 투자하는 사람이 있다. 왜 그런 것일까? 그 분야에 대한 경험과 지식이 백지상태이다 보니 사기꾼의 말에 쉽게 속아서 투자했다가 낭패를 보는 것이다.

　본인이 경험하지 않은 상태에서, 실력이 없는 상태에서, 확신이 없는 상태에서는 항상 다른 사람들의 말에 주의해야 한다. 사기를 당하고 싶어서 당하는 사람은 아무도 없다. 사기꾼은 백지상태인 사람에게는 빨간색이든 파란색이든 초록색이든 맘대로 쉽게 물을 들일 수 있다. 백지상태로 자기 확신이 없는 사람이 타깃이 된다. 그러므로 진정한 멘토를 찾아서 공부하고 본인의 색깔을 구축하는 것이 첫 번째 과제라고 할 수 있다. 퇴직금을 터무니없는 투자처에 투자했다가 귀한 노후 자금을 날렸다는 뉴스를 종종 접할 수 있다. 그런 안타까운 일은 남의 말에 휘둘린 결과일 수 있다. 그렇게 속게 된 원인은 본인에게 경험과 지식 그리고 자기 확신이 없었기 때문이라는 것을 명심해야 한다. 본인이 어떤 분야에 백지상태라고 생각될 때, 경험이 없을 때, 실력이 없을 때는 남의 말을 쉽게 듣지 말고, 본인의 실력과 경험을 쌓는 것이 매우 중요하다. 그리고 멘토를 찾아서 귀한 정보를 얻으려고 노력해야 한다. 그러지 않고 백지상태로 있으면 사기꾼의 먹이가 되기 쉽다.

자신과의 대화를
시작하자

　사람은 살면서 참 많은 생각을 한다. 가족, 남편, 아내, 자식, 친척, 직장, 인간관계 등에 관해서 많이 생각하는데, 그중에는 생산적인 생각도 있지만 대개가 소모적인 생각이다. 한번 본인에 대해서만 생각해 보라고 하면 몇 분간은 그렇게 하다가 이내 다른 사람과 관계된 것을 생각하게 된다. 너무나도 오래된 버릇이고 습관이다 보니 자신만을 생각하기가 쉽지 않다. 복잡한 현대 사회에서 우리의 생각에는 본인 외에 너무나도 많은 외부 사람이 자리를 잡고 있다.

　그러다 보니 열심히 살다가 중년 혹은 노년이 되어 자신을 돌아봤을 때 허탈감을 느끼는 경우가 있다. 앞만 보고 살다 보니 자신에 대해서 생각하는 것이나 자신을 돌아보는 경우가 적은 것이다. 노년에 이르러 갑자기 '나는 도대체 뭔가?' 하는 허탈감으로 불안장애나 공황장애가 생기기도 한다.

　그러므로 자기 자신에 대해 많이 생각하고 자신과 대화하는 것이 중요하다. 자신과 대화하는 가장 쉬운 방법은 바로 거울 속 나와 대화하는 것이다. 거울에 비친 자신의 눈을 바라보고 말을 걸어 보라. 처음엔 무척 어색할 수 있다. 본인의 눈인데도 눈을 바라보는 것이 어색하게 느껴질 수 있다. 하루에 몇 분이라도 조금씩 자신의 내면과 대화하는 시간을 보내야 한다. 그러다 보면 나중에는 자신과 몇 시간 동안도 대화할 수 있게 된다. 의식적인 자아와 마음 깊숙이 있는 내면의 자아(무의식의 자아, 잠재의식의 자아)가 소통하는 것이다. 어떤 문제점에 대해서, 어떤 사건에 대해서 의식적인 자아와 무의식의 자아가 서로 소통하고 대화하게 되면 스스로가 얼마나 귀중하고 소중한 존재인지를 느끼게 된다. 생각만으로는 극복할 수 없는 한계를 입 밖으로 꺼내어 거울 속의 자신에게 말해 보라. 의식적인 자아와 무의식의 자아가 소통하는 것은 자신을 사랑하고 자신을 존중하게 되는 너무나 중요한 시작점이다.

자신을 존중하고 사랑하기 위해서는 먼저 자신을 잘 알아야 한다. 남을 알아야 사랑하듯이 자신도 알아야 사랑할 수 있다. 자기 자신을 안다는 것은 쉬운 일이 아니다. 마음속 깊이 있는 무의식의 자아를 쉽게 알 수는 없기 때문이다. 그러므로 거울에 비친 자신을 보고 대화하는 것이 아주 좋은 방법이다. 한번 시도해 보고 계속하다 보면 조금씩 조금씩 익숙해질 것이다. 거울 속에 비친 본인의 모습을 보고 의식적인 자아와 무의식의 자아가 서로 소통하는 대화를 많이 하면 할수록 본인을 더욱 잘 알게 되고 본인을 더욱 사랑하고 존중할 수 있게 된다.

자신의
무한한 잠재력을
깨우라

모든 사람은 잠재력을 지니고 있지만, 잠재력을 깨우는 사람이 있는가 하면 잠재력을 깨우지 못한 채 삶을 마감하는 사람도 있다. 자신의 잠재력을 깨워서 십분 발휘하려면 어떻게 해야 할까?

첫째, 자신이 엄청난 잠재력을 지니고 있다는 사실을 믿어야 한다. 스스로 믿지 않고 확신하지 않으면 잠재력은 깨어나지 않으므로 당연히 발휘되지도 않는다.

둘째, 그 무한한 잠재력이 자신을 도와줄 거라는 믿음을 가져야 한다. 자신의 잠재력은 자신을 위해서 쓰일 것이라는 믿음을 갖는 것이 바로 두 번째로 중요하다.

그다음에는 자신의 꿈을 구체화해야 한다. 꿈이 뭐냐고 물었을 때 구체적으로 답하는 사람은 거의 없다. 꿈을 소중하게 여겨야 꿈도 우리를 소중하게 여겨 준다. 추상적인 꿈이 아닌 구체적이고 분명한 꿈을 꾸자. 그리고 그 꿈을 이루고자 하는 마음을 가져야 한다. 그 꿈을 이루게 해 주는 것은 바로 우리가 가지고 있는 엄청난 잠재력이기 때문이다.

다시 정리하면 다음과 같다.
첫째, 우리에게는 엄청난 잠재력이 있다는 사실을 믿는다.
둘째, 우리에게 있는 잠재력이 우리를 도와줄 거라고 확신한다.
셋째, 잠재력의 도움으로 이룰 우리의 꿈을 구체화한다.

이렇게 세 가지를 확신하면서 생각하고 말하면 꿈을 이룰 수 있다. 성공한 사람들은 대부분 어릴 때부터 자신의 꿈을 구체화하고 꿈을 이룰 분명한 계획을 가지고 있었다. 그리고 자신의 잠재력이 그 꿈을 이루는 데 도움을 줄 것을 믿으면서 성장하였다. 꿈을 쉽게 포기하는 사람은 자신에게 엄청난 잠재력이 있다는 사실을 믿지 못한 것이다.

두 번
당하지 말자

소인배는 두 번 공격한다. 첫 번째 공격은 직접적으로 상처를 주어 상대에게 피해를 주는 것이다. 두 번째 공격은 상처를 받은 사람이 그 경험을 트라우마로 안고 살게 만드는 것이다. 첫 번째 공격을 받았을 때 멘털이 붕괴되고 엄청난 스트레스를 받았다 해도 그것을 마음에서 빨리 비워 내야 한다. 비워 내지 못하면 그 상처와 아픔이 마음속에 자리 잡고 뿌리내리게 된다. 그러면 그 상처는 트라우마가 된다. 상처 준 그 소인배가 없는 곳으로 옮겨도 그때의 트라우마가 남아서 인간관계에 나쁜 영향을 줄 수 있다.

"내가 한 번 당하지 두 번 당하냐?" 이런 말이 있다. 한 번은 예상치도 못한 소인배의 공격에 당했더라도 두 번째 공격은 피할 수 있다. 한 번 받은 상처를 마음속에 두고 몇 달이고 몇 년이고 몇십 년이고 아파하고 괴로워하는 것은 완벽한 바보짓이다. 소인배에게 두 번 당하는 꼴이다. 상처를 받은 아픈 기억이 떠오를 때마다 그 생각의 꼬리를 잘라 내야 한다. 다른 생각을 하든지, 신나는 음악을 듣든지, 뜀박질을 하든지, 무슨 수를 써서라도 그 순간을 지나가야 한다. 그 순간을 지나가지 않고 트라우마에 빠져 버리면 상처는 마음에 뿌리내리게 되고 평생 그 상처에서 벗어나지 못하는 오류를 범하게 된다. 과거에 받은 상처가 떠올라서 혈압이 오르는 것을 느낄 때, 화가 치밀어 오를 때, 큰 소리로 이렇게 외쳐 보라. "나는 두 번 당하는 바보가 되지 않겠다." 그래야만 그런 몰상식한 사람의 공격에 두 번 당하지 않게 된다. 상처를 받은 일로 한 번 당하고 나서 그 아픈 기억을 고이 간직한 채로 두 번 당하는 것은 바보짓이다.

소인배를 발판 삼으라

수학을 배울 때는 사칙 연산을 배우고 그다음에 일차 방정식을 배우며 그다음에 일차 함수를 배운다. 전 단계를 알아야 다음 단계를 이해할 수 있기 때문이다. 구구단을 외우지 않은 상태에서는 인수 분해를 풀 수 없고 일차 방정식도 풀 수 없다. 인간관계도 마찬가지이다. 우리가 사회생활을 하다가 소인배를 만났을 때 고려해야 할 것이 있다. 그런 소인배를 스스로 극복하지 못하면 다음 단계로 넘어갈 수가 없다. 처음 만난 소인배에게 상처를 받아서 그를 극복하지 못하면 다른 조직, 다른 모임에 가도 후유증과 트라우마로 건강한 인간관계를 유지하기가 힘들어진다.

지금 자신이 만난 소인배를 어떻게 극복하여 더 나은 자신이 될 것인지를 곰곰이 생각해 볼 필요가 있다. 지금 이 단계에서 만난 소인배를 스스로 극복하지 못하면 나중에 더 세고 더 악랄한 소인배에게는 그대로 무너지고 말 것이다. 지금 상처를 준 소인배를 스스로 극복하는 마음과 행동이 필요하다. 두렵기도 하고 겁도 나겠지만 그 상황에서 자신의 내면의 목소리에 귀를 기울이고, 자존감을 더 높여서 당당하고 단호하게 거절할 수 있는 내공을 길러야 한다.

이렇게 생각해 보라. '내가 내공을 기를 수 있도록 이 소인배가 나타나서 애쓰는 것이다.' 그리고 그런 소인배를 쉽게 핸들링할 수 있을 정도로 자존감을 높이면 더욱 발전된 자신을 발견하게 된다. 그다음에 나타나는 더 센 소인배도 대적할 수 있는 내공을 키운 것이다. 그렇기 때문에 지금 나타난 소인배를 발판 삼아 자존감을 높이고 자신을 더욱 발전시키겠다고 생각할 필요가 있다. 소인배는 아무짝에도 쓸모없지만 우리가 발판으로 삼으면 더 나은 자신으로 발전하게 되고, 사회생활과 인간관계를 더 원활하게 할 수 있다.

마음의 면역력을 기르자

　바이러스나 세균이 사람을 공격할 때 면역력은 상당히 중요하다. 면역력이 강한 사람은 그 바이러스의 공격과 미래에 가능한 공격도 막을 수 있는 막강한 무기 '항체'를 만든다. 반면 면역력이 약한 사람은 바이러스 공격에서 항체를 만들지 못하여 병으로 진행된다. 가령, B형 간염 바이러스(Hepatitis B)가 사람을 공격할 때 면역력이 강한 사람은 항체를 만들어 건강을 유지하지만, 면역력이 약한 사람은 B형 간염에 걸리게 된다. 그런데 백신 주사를 맞으면 항체가 만들어지고, 그 항체가 미래에 있을 수 있는 바이러스의 공격을 막아 주기 때문에 백신의 기능과 역할은 매우 중요하다. 육체적인 면역력이 강한 사람은 이렇게 외부의 공격으로부터 자신을 지킬 수 있고 항체를 만들어 미래에 있을 공격도 막아 낼 수 있다. 그러므로 건강식품, 영양제, 운동 등으로 육체적인 면역력을 높이기 위해 많은 노력을 기울여야 한다.

　육체적인 면역력도 중요하지만 정신적인 마음의 면역력도 매우 중요하다. 마음의 면역력이 약한 사람은 쉽게 상처를 받는다. 한 명에게 받은 상처가 아물기도 전에 다른 사람에게 또 상처를 받고 아픔을 겪는다. 이렇게 쉽게 남에게 상처를 받고 아파하는 사람은 마음의 면역력이 아주 약한 상태이다. 육체적인 면역력은 잘 먹고 운동하며 스트레스를 줄이고 충분한 수면을 취하면 길러지는데, 마음의 면역력은 어떻게 하면 기를 수 있을까? 마음의 면역력을 강화하는 가장 중요한 시작은 바로 자신을 오롯이 사랑하는 마음을 가지는 것이다. 자신을 사랑하고 존중하며 자신을 아끼는 생각과 마음을 가질 때, 비로소 마음의 면역력을 기를 수 있는 기초가 준비

된다. 자신을 사랑하고 존중하는 마음이 결여되면 남에 의해 너무나도 쉽게 흔들리고 휘둘려서 상처를 받고 아픔을 당할 수 있다. 육체적인 면역력만큼 중요한 마음의 면역력을 길러야 한다. 그 첫 단계가 자신을 진심으로 사랑하고 아끼는 마음을 갖는 것이다. 자신을 아끼는 생각과 마음을 가질 때 비로소 마음의 면역력을 기를 수 있는 기초가 완성된다.

마음속의 쓰레기를
버릴 책임

쓰레기라고 판단하면 버리는 것이 당연하다. 그런데 동일한 물건을 놓고도 한 사람은 쓰레기라고 하고 다른 사람은 쓰레기가 아니라고 할 수 있다. 아내는 그것을 쓰레기로 보고 버리려고 하는데 남편은 아직 쓸 데가 있으니 쓰레기가 아니라고 주장할 수 있다. 그런 물건은 버리지 못한다. 부부가 모두 쓰레기라고 동의하는 물건일 때 쓰레기봉투에 넣어서 버린다. 자타가 쓰레기라고 보는 것은 쓰레기봉투에 넣어 버려야 할 책임이 있다. 그런데 간혹 집 안 가득 쓰레기 같은 물건을 쌓아 두어 심한 악취가 나고 벌레도 생겨서 이웃이 신고한 사례가 TV에 방영되기도 한다.

누가 봐도 쓰레기인 것은 버려야 한다는 것에 누구나 동의할 것이다. 그런데 마음에 있는 쓰레기는 안 버리는 사람이 너무나 많다. 버리지 않은 그 쓰레기 때문에 아파하고 괴로워하며 상심하는 사람이 많다. 그런 사람은 쓰레기는 버려야 한다는 책임을 다하지 않은 것이다. 그러면 왜 마음속의 쓰레기를 버리지 않을까? 마음에 존재하는 쓰레기는 쉽게 꺼낼 수도 버릴 수도 없기 때문이다. 누가 기억을 싹둑 자를 수 있고, 아픈 기억을 쉽게 잊을 수 있겠는가? 하지만 나쁜 생각이 다시 올라올 때는 쓰레기로 여기고 버려야 한다는 마음을 가지는 것이 중요하다. 마음에 존재하는 감정 쓰레기들, 쓰레기 같은 인간이 남긴 감정들, 곧 아픔, 상처, 배신 등등을 마음속에서 버리는 연습을 해야 한다. 다시 꺼내는 오류는 범하지 말아야 한다. 실제 쓰레기처럼 감정 쓰레기도 자신을 위해 버려야 할 책임이 있다. 그 책임을 다하지 않으면 감정 쓰레기가 마음을 혼탁하게 하고 정신적으로 힘들게 한다. 쓰레기통에 쓰레기를 버리듯이, 마음속의 소모적이고 낭비적인 감정 쓰레기도 버려야 할 책임이 있음을 기억하자.

성숙한 착함과
어설픈 착함

"착하게 살아라. 착해야 한다. 착하면 나중에 이긴다." 이런 말을 많이 듣게 된다. '착하다'는 좋은 의미로 많이 쓰인다. "저 사람, 참 착해."라는 말에는 '저 사람은 심성이 너무 착하고 곱다'는 의미도 있지만 '저 사람은 참 만만하다'는 의미도 담겨 있다. 이끄는 대로 끌려오는 사람을 만만하게 보면서 말로는 "저 사람, 참 착해."라고 그럴싸하게 포장하는 경우가 많다.

그런데 진심으로 남을 배려하고 잘 도와주는 착한 사람도 있다. 그렇다면 이 두 부류는 어떻게 분별할 수 있을까? 성숙한 착함과 어설픈 착함으로 구분할 수 있다. 어설프게 착한 사람은 '착하니즘'에 빠져서 착해야 한다는 생각으로 바보처럼 행동하는 경우가 많다. 남의 말에 끌려다니고 남이 의도한 대로 휘둘리며, 착하다는 말을 듣기 위해 행동하므로 성숙한 자기애가 전혀 없다. 자신을 사랑하고 돌보면서 남을 배려하고 힘든 사람의 얘기를 들어 주며 남의 아픔을 역지사지로 이해하고 보듬어 주는 사람이 진정으로 성숙한 착함을 지닌 사람이다. 어설프게 착한 사람은 남에게 이용당할 뿐 아니라 자신을 사랑하지도 않기 때문에 자신에게도 도움이 전혀 안 된다.

누군가에게 "넌, 참 착해."라는 말을 들었을 때, 자기 자신을 생각해 볼 필요가 있다. 진정으로 성숙한 착함을 지니고 있는지, 어설픈 착함으로 자신을 조금씩 손상하고 있지는 않은지를 스스로 체크해 보아야 한다. "저 사람은 참 착해."라는 말은 "저 사람은 참 만만해."라는 말일 수 있다.

착한 네가
참으라고?

"착한 네가 참아라." '착한 내가 참지.' 이런 말을 들은 적도 있고 스스로에게 되된 적도 있을 것이다. 인간관계에서 문제가 생겼을 때, 불이익을 당하고 고난을 받는 사람에게 "착한 네가 참아라."라고 얘기하는 사람이 있다. 혹은 스스로 '착한 내가 참아야지.'라고 다독거린다. 사실 그 말은 "호구요, 바보인 네가 참아라."라는 말과 같다. 상대가 부당하게 행동하고 말도 안 되는 짓을 했을 때 아무 말도 못 하고 '착한 내가 참아야지.'라고 생각하는 사람은 더도 덜도 아닌 호구요, 바보라는 사실을 알아야 한다. "착하게 살라."라는 말에 갇혀서 스스로 호구와 바보가 되려고 하는 사람들이 있다. 어처구니없는 일이 아닐 수 없다. 영양가 없는 '착하니즘'에 빠져 스스로를 형편없는 호구와 바보로 만드는 짓을 하지 말아야 한다. "착한 네가 참아라."라고 말하는 사람에게도 말해야 한다. 부당한 일을 당하고 말도 안 되는 일을 당했을 때 단호하게 그 상황을 설명하고 그런 일이 다시는 일어나지 않도록 말하고 행동해야 한다. 그러지 않고 가만히 있으면 진정한 호구요, 바보가 된다. "착한 네가 참아라."라고 말하는 사람은 속으로는 '너는 호구이고 바보잖아. 그런 네가 참아야지.'라고 말하는 것이다. 스스로 '착한 내가 참아야지.'라고 생각하는 것은 '호구와 바보처럼 겁먹고 아무 말도 못 하는 나는 멍청이니까, 그냥 당할 수밖에 없다.'라는 것과 같다. 착하지도 않고 바보짓을 하면서 착하다고 착각하지 말아야 한다.

배짱도 배려도
곳간에서 난다

"인심은 곳간에서 난다."라는 말이 있다. 곳간이 없는데도 인심을 베푸는 것은 객기에 가깝다. 본인의 곳간이 어떤지를 먼저 살펴봐야 한다. 곳간이라고 말하면 대부분 곡식을 보관하는 공간을 떠올리는 경우가 많은데 여기서의 곳간은 마음 곳간이다. 마음 곳간이 풍요로운 사람은 남을 배려할 줄도 알고 자신을 사랑할 줄도 안다. 마음 곳간이 텅 빈 사람은 남을 배려할 줄도 모르고 자신을 사랑할 줄도 모른다.

소인배를 다룰 때는 배짱이 있어야 한다. 그런데 마음 곳간이 풍요로운 사람이 배짱도 있고 남을 배려할 수도 있다. 그렇다면 마음 곳간은 무엇으로 채울 수 있을까? 바로 자존감이다. 자존감이 높은 사람은 남을 더 존중하면서 배려할 수 있고, 소인배를 다룰 때도 휘둘리지 않으며 자신의 의사를 분명하게 전달할 수 있다. 남을 배려하고 남의 말에 휘둘리지 않기 위해서 자존감, 즉 마음 곳간을 어떻게 더 키울 것인가를 생각하는 것이 중요하다. 마음 곳간이 텅 빈 상태에서는 남을 배려하지도 못하고, 소인배의 공격에 아무 말도 못 하며 당하기만 한다.

자존심은
쓰레기통에 버려라

자존심에 상처가 생기면 미쳐 날뛰는 사람이 많다. 자존심은 끝이 없다. 자존심을 수치로 표현해 보면, 10에서 시작해서 급속히 100이 되고 1,000이 된다. 자존심은 끝없이 빨리 자란다. 한번 높아진 자존심은 쉽게 낮아지지 않고 쉽게 상처를 받는다. 자존심은 벗어 내야 한다. 그동안 자존심이 심하게 상했을 때를 한번 노트에 적어 보라. 그러면 너무나도 신기한 사실을 알게 된다. 아마도 대부분이 남의 말, 행동, 표정, 눈빛 때문에 자존심이 상했다고 적혀 있을 것이다. 그리고 막상 글로 적어 놓고 다시 그 글을 읽어 보면 유치하다는 생각이 들 것이다.

자존심은 자신이 아무리 잘하려고 노력해도, 상대가 어떻게 행동하느냐에 따라서 손상될 수 있다. 즉, 본인은 최선을 다하고 성실하게 살아도 남의 말, 행동, 말투에 의해서 상처를 받는 것이 바로 자존심인 것이다. 자신의 노력이나 성과와는 관계없이 남의 행동에 따라 좌지우지되니 얼마나 안타까운 일인가? 서푼어치도 안 되는 자존심은 쓰레기통에 버려야 한다. 굳이 비유하자면, 자신의 목에 개 목걸이를 걸고 손잡이를 남에게 쥐여 주는 꼴이다. 남이 끄는 대로 끌려가는 그런 바보짓의 시작이 자존심을 세우는 것이다.

그러면 자존심을 털어 버리는 연습은 어떻게 해야 하나? 자신에게 묶여 있는 그 족쇄를 끊어야 한다. 남의 말과 행동에 의해 자존심이 상하려고 할 때 본인의 목에 묶여 있는 족쇄를 끊는다고 생각하면 조금씩 조금씩 벗어나게 된다. 인생에서 별로 중요하지 않은 그런 사람들 때문에 자신이 괴로워하고 아파할 필요는 없다. 자존심은 버리고 자존감을 키워야 한다.

자존감과
자존심의 차이

자존감과 자존심의 차이는 무엇일까? 가장 중요한 차이는 자신과 남이 얽히는가 아닌가이다. 〈자존심은 쓰레기통에 버려라〉에서도 말했듯이 자존심은 남의 말, 행동, 눈빛, 태도 등에 의해서 마음에 상처를 입고 아픔을 느끼는 것이다. 자존감이 높은 사람은 남의 행동에 큰 영향을 받지 않는다. 남이 상처를 주려고 하는 말도 자존감이 높은 사람에게는 기차가 지나가는 소리로 들린다. 자신을 존중하고 사랑하며, 자신의 내면의 목소리를 듣고 행동하는 사람은 모든 일의 중심에 자신을 두기 때문이다. 그렇다고 파괴적인 이기주의자와는 다르다. 이기적인 사람은 자신이 이권을 차지하기 위해서 남에게 피해 주는 행동도 서슴지 않지만 자존감이 높은 사람은 남을 배려할 줄 안다. 자존감이 낮은 사람은 남을 험담하고 시기 질투하는 특징이 있다.

의외로 많은 사람이 자존감과 자존심의 차이를 잘 알지 못한다. 자존심은 하루라도 빨리 쓰레기통에 버려야 하고, 자존감은 하루라도 빨리 높이기 위해서 노력해야 한다. 이런 마음가짐이 중요하다. 부모가 높은 자존감으로 생각하고 행동하면 자식도 따라 하게 되어 있다. 부모가 자존감이 낮아서 남의 말과 행동에 힘들어하고 아파하며 투정하는 모습을 보이면 자식도 자존감이 아닌 자존심만 키우는 경향을 보게 된다. 자신을 위해서라도 주변 사람을 위해서라도 자존감을 높이도록 노력해야 한다.

자격지심을 해결하면 자존심은 낮아지고 자존감은 높아진다

자존심이 상해서 분해하고 억울해하는 사람이 많다. 자존심이 상하면 큰 실수를 범하는 사람도 있다. 쉽게 격분하고 화를 참지 못하는 것이다. 그 근간에는 자격지심이 있다.

자신이 약하다고 생각하는 부분, 자신의 아킬레스건이라고 생각한 부분에 생채기가 생기면 깊은 상처를 받는 것이 자존심이다. 이때 사실 자격지심이 작용하는 경우가 많다. 자신의 아킬레스건을 곰곰이 생각해 볼 필요가 있다. 아킬레스건이요, 단점 혹은 약점이라고 생각했던 부분이 오히려 도움이 되었던 때도 많았을 것이다. 그 단점과 약점을 보완하기 위해서 자신을 더욱 발전시키다 보니 내공이 더 강해진 경우도 있을 것이다. 자신이 생각하기에 단점이라고 생각한 것이 삶에 큰 원동력이 되는 경우가 의외로 많다.

하지만 그런 약점과 단점을 극복하지 못하고 계속 자격지심을 가지고 있다면 자존심과 연결되어 인간관계에서 쉽게 문제가 생길 수 있다. 다른 사람이 그 자격지심을 건드리면 너무 아파하고 괴로워한다. 자존심이 세다고 생각하는 사람은 자신의 자격지심부터 체크하고 해결해야 한다.

자신이 생각하는 자격지심을 어떻게 극복할 것인가? 자신이 생각하는 그 단점이 의외로 고마운 삶의 원동력이라는 사실을 받아들이면 자격지심은 사라지고 단점이 더 이상 단점으로 보이지 않게 된다. 단점이라고 생각한 것을 마음속으로 안을 때 스스로에 대한 사랑과 존중이 더 커지게 된다. 그런 단점까지도 장점으로 승화시킬 수 있는 마음의 여유가 생기고 스스로를 존중하게 된다. 그러면서 자존감이 커지고 자존심은 줄어들게 된다. 시소를 탈 때, 이쪽이 올라가면 저쪽이 내려가고, 저쪽이 올라가면 이쪽이 내려오는 것과 같다. 이쪽 편에 자존감 있다면 저쪽 편에는 자존심이 자리 잡고 있다. 자존감을 높이면 자존심은 낮아진다. 자존심이 낮아지면 자존감은 높아진다. 자존심을 낮추기 위해서는 자신만 알고 있는 자격지심, 곧 단점과 약점부터 해결해야 한다.

2부

사람을 대할 때는 난로를 대하듯 하자

가족도
섭섭함이 쌓이면
멀어진다

아무리 가족이라도 섭섭함이 조금씩 쌓이다 보면 멀어지게 된다. 말실수나 행동의 실수가 쌓이면 아무리 가까운 가족이라도 마음이 멀어진다. 그러므로 가족 구성원에게 더 책임감을 느끼고 행동을 조심할 필요가 있다.

섭섭함은 그때그때 푸는 것이 중요하다. 섭섭함을 느끼게 했다면 그대로 내버려 두면 안 된다. 섭섭함이 쌓이면 미움으로 발전하기 때문이다. 미움이 커지면 남보다 못한 가족이 되어 종국엔 인연을 끊는 경우도 많다.

그런데 섭섭함의 원인을 곰곰이 따져 보면 자신의 입장에서 상대를 판단하기 때문인 경우가 많다. 예컨대 동생은 월수입이 200만 원이고, 형은 월수입이 500만 원이라고 가정해 보자. 동생의 가정은 수입이 비교적 적으므로 매사에 아끼며 생활한다. 그런데 형의 가정은 월수입이 훨씬 많으니 모든 면에서 넉넉해 보인다. 이럴 때 동생은 생각하기를 '내가 매달 500만 원씩 번다면 부모님께 더 잘해 드리고 다른 형제에게도 마음껏 베풀 텐데, 형은 자기 가족만 아는구나.' 하고 섭섭해한다. 나아가 "가진 사람이 더 무섭다니까."라고 하면서 형에 대한 불만을 표시하는 것이다. 그런데 형의 형편을 보면, 오랫동안 그 수입에 맞게 생활해 왔기 때문에 형도 그리 여유롭지 못할 수 있다. 이와 같이 형제간에 섭섭함을 느끼는 이유는 자신의 현재 기준에서 상대를 바라보기 때문인 경우가 많다. 상대의 상황을 충분히 이해하지 못하고 자신의 잣대로 판단함으로써 괜스레 섭섭하게 생각하는 것이다.

가족이라면 이럴 때 대화해야 한다. 자신이 섭섭하게 느끼는 부분을 말하고 상대의 입장도 들어 보아야 한다. 이렇게 서로 대화해 보면 섭섭함은 봄눈이 녹듯이 의외로 쉽게 녹는다. 그렇지 않고 섭섭함을 그냥 두고 한 달, 두 달, 일 년, 이 년이 지나다 보면 형제가 완전히 남남이 되어 버릴 수 있다. 가족끼리는 섭섭함이 쌓이기 전에 대화해 보자. 대화를 시도하여 상대방의 말을 들어 보면 자신이 오해했음을 알 수 있고 괜스레 섭섭해했다는 것도 알 수 있다. 의외로 간단하게 문제가 해결된다.

가족의 폭언은 참지 말고
따끔하게 일침을 가하라

집 밖에서는 남의 눈치를 보고 남을 의식하여 아무 말도 못 하는 사람이 집에서는 가족에게 자기 생각대로 떠들고 폭언을 일삼는 경우가 많다. 이는 너무나도 잘못된 생활 버릇이다. 가족은 가장 편할 수 있다. 그렇기 때문에 자신이 생각하는 대로 폭언하는 경우가 있다. 이것은 가정 폭력, 가정 폭언에 해당한다.

집 밖에서와 달리 가장 소중한 가족에게는 큰소리치고 폭언하는 사람은 그런 양면성이 버릇이 되어 있는 경우가 많다. 그런 행동을 하는 배우자에게는 따끔하게 일침을 놓는 것이 중요하다. '그냥 내가 참지 뭐.'라고 생각하면 배우자의 나쁜 행동이 점점 더 고착되어 못된 버릇이 되기 때문이다. 정작 당사자는 자신이 얼마나 잘못하고 있는지 사실을 모르는 경우가 많다. 그러므로 정색을 하고 따끔하게 말해 줘야 멈칫하면서 자신을 돌아보고 자신의 말이나 행동을 돌이켜 보게 된다.

밖에서 호인처럼 행동하고 집에서는 소인처럼 행동하는 사람은 그 버릇을 꼭 고쳐야 한다. 당사자 스스로가 고치기는 쉽지 않다. 본인의 잘못을 잘 모르기 때문이다. 다른 가족이 진지하고 진솔하게 설명하고 따끔히 대처해야만 그런 버릇이 굳어지지 않는다.

연쇄 작용의 힘

　연쇄 작용(Chain reaction)은 하나의 사건이 동일한 종류의 다른 사건을 유발하는 것을 의미한다. 이러한 연쇄 작용은 곳곳에서 일어난다. 나로부터 시작된 것이 내 주변에도 영향을 미칠 수 있고, 그 이상으로 뻗어 나갈 수 있다. 자신이 행복감을 가지고 긍정적인 마인드와 감사한 마음으로 맡은 일을 최선을 다해 성실하게 감당하면 자신이 조금씩 변화되고, 자신이 변화되면 주변의 가까운 가족이 변화되며, 그 가족과 가까운 다른 사람들도 조금씩 변화되고 그들의 가정도 변화된다.

　"자식은 부모의 거울이다."라는 말이 있다. 이것은 자식을 보면 부모가 어떤 마음으로 행동하고 생각하며 말하는지를 알 수 있다는 뜻이다. 부모가 말하고 행동하는 것은 고스란히 자기 자식에게 이어지게 되어 있다. 그런데 이러한 연쇄 작용은 꼭 부모로부터 자식에게로 한 방향으로만 이뤄지는 것은 아니다. 자식도 부모에게 영향을 줄 수 있고, 배우자 간에도 서로 영향을 줄 수 있다. 따라서 가족 중 한 사람이라도 매사에 부정적이고 불평불만을 많이 한다면 어느새 가족 모두가 부정적으로 판단하고 행동하여 불행한 가정이 될 수 있다. 반면 가족 중 한 사람이라도 매사에 긍정적이고 감사하는 마음으로 성실하게 살아간다면 어느 순간 가족 모두가 긍정적으로 생각하고 행동함으로써 행복한 가정이 될 수 있다. 그러므로 자신의 생각과 말과 행동을 잘 살펴보자. 나와 가족의 행복 또는 불행은 나로부터 시작될 수 있다.

부모와
거리 두기

A 씨는 부모와의 사이가 너무 좋지 않다. 아버지는 늘 일하느라 바빠서, 어릴 때부터 거의 대화가 없었다. 어머니는 자식에게 바라는 기준이 높아서 그 기준을 A 씨가 충족하지 못하면 "너는 어떻게 된 애가 이것도 못 하니?"라는 말을 자주 했다. 그래서 A 씨는 어릴 때부터 자신은 부족하고 어떤 것도 잘하지 못한다고 생각해 왔다. 자존감이 무너질 대로 무너졌고 세상살이는 힘들다. 그런데 부모님은 A 씨가 나이가 들어 성인이 됐어도 똑같이 대한다. 이에 부모님과 거리를 두고 싶다. 그렇게 하는 것이 맞는지 고민이 된다.

사람들은 저마다의 생각을 가지고 각자의 삶을 산다. 그렇기 때문에 남의 생각을 내가 바꿀 수도 고칠 수도 없다. 그 사람의 생각과 행동은 그 사람의 몫이다. 부모와 너무 안 맞는 자식의 경우는 어떠한가? A 씨가 어릴 때부터 자존감을 떨어뜨리는 말을 해 온 부모와 거리를 두고 싶어 하는 것은 충분히 이해된다. 하지만 혹자는 유교적인 사고방식으로 "그래도 부모인데 어떻게 부모와 거리를 두려고 하느냐?"라고 화를 낼 수도 있다.

부모도 남이다. 내가 아니면 모든 사람이 남이다. 그렇기 때문에 자신의 자존감이 무너지고 상처를 계속 받는다면 부모라도 거리를 둬야 한다. 자신의 자존감을 세우지 못하고 스스로 세상을 당당하게 살아가지도 못하면서 어설프게 유교적인 사고방식에 매여서 살 필요는 없다.

그것은 도리가 아니라고 생각할 수 있지만 꼭 그런 것만은 아니다. 그처럼 자식의 자존감을 떨어뜨리는 말을 하는 부모에게 한번 물어보자. "왜 그렇게 자식의 자존감을 떨어뜨리는 말을 함부로 하세요? 그런 식으로 말하면 자식은 자존감이 떨어지고, 뭐든 자기 잘못이라고만 생각하게 되는데, 그러면 사회생활을 잘하겠어요?" 그러면 A 씨의 부모, 특히 어머니는 이렇게 답할 것이다. "자식을 미워하는 부모가 어디 있나요? 다 자식이 잘되라고 하는 말이죠. 자식이 좀 더 행복하게 잘 살라고 격려하고 충고하는 것이죠. 자식의 자존감을 일부러 떨어뜨리려는 부모가 어디 있나요?"라고 반문할 것이다. 즉, 그 부모는 진심으로 자식이 잘되길 바라지만 자신이 자식을 행복하게 살게 하는 것이 아니라 스스로를 깎아내리도록 만들고 있다는 사실을 전혀 모르는 것이다.

그러므로 자식의 입장에서 부모와 거리를 두어야 한다. 부모가 가장 바라는 자식의 행복, 자식의 발전을 위해서라도 말이다. 부모는 악의적인 의도는 없었다 해도 자식의 자존감을 떨어뜨리므로 어느 정도 거리를 둘 필요가 있다. 부모도 남이다. 자신의 자존감을 잃게 된다면 나중에는 아쉬움만 남는다. 부모와 거리를 둔다는 것이 이상하게 들리고 비도덕적으로 들릴 수 있지만 그것이 서로에게 좋은 경우도 있다. 어느 정도 거리를 두어야 서로 발전할 수도 있다.

남보다 못한 가족은
어떻게 대해야 하나

　남보다 못한 가족이 있을까? 가족이라면 서로 위해 주고 도와주며 사랑을 베풀면서 지내야 할 텐데, 그 반대인 가족도 있다. 남보다 못한 사람이 가족의 일원이라서 그 사람 때문에 많이 힘들어하고 괴로워하는 경우가 많다. 주민 등록 초본에 같이 기재된 혈연이나 가족은 가족이라는 미명하에 상처를 주어도 어떻게 하지 못하고 관계를 유지하는 사람이 많다. '가족이니까 내가 참아야지.'라고 생각한다. 남에게 잘못했을 때는 자신의 잘못을 인정하고 미안해하지만 가족에게는 잘못해 놓고도 잘못을 인정하지 않고 사과도 하지 않는 경우가 많다.

　어떻게 보면 이기적으로 들릴 수 있지만 가족도 남이다. 이 세상에서 가장 소중한 사람은 본인이기 때문에 자신에게 먼저 집중해야 한다. 부모와 자식, 형제자매, 모두 각자의 역할과 의무 그리고 책임이 있다. 부모는 부모다워야 하고 자식은 자식다워야 한다. 형제자매도 마찬가지로 각자 형제다워야 하고 자매다워야 한다.

　그렇다면 가족답지 않게 깊은 상처를 주고 아픔을 주는 가족은 어떻게 대해야 할까?

　안 맞는 사람을 마음에서 보내듯이 그런 이는 가족이라도 보내야 한다. 꾸역꾸역 같이 간들 좋을 게 없다. 시간이 흐를수록 더 큰 아픔과 상처가 생길 뿐 좋아지지 않는다. 가족을 우선시하는 이는 바로 나 자신이다. 나 자신이 우뚝 서서 독립적으로 당당하게 살아가고 난 뒤에 가족을 위하거나 가족을 위해 희생할 수도 있는 것이다.

　현대 사회에서 부모, 자식, 형제자매 등 가족 때문에 엄청난 피해를 보고, 그래도 도와주다가 같이 몰락한 사람이 어디 한둘인가? 가족이라도 남보다 못한 가족이라면 남처럼 보내야 한다. 물론 당장은 부담이 되고 죄책감이 들 수 있다. 하지만 그것이 자신을 위하고 그 상대도 위하는 일이다. 단호하게 행동할 필요가 있다. 인생의 몰락을 같이 맞이하길 원한다면 가족이라는 이름으로 끝없이 희생할 수 있다. 보통 대부분의 가족은 서로 위하고 서로 존중하며 산다. 그렇게 살지 못하는 것도 억울한 일인데, 인생이 꼬이고 몰락하게 내버려 두는 것은 더 안타까운 일이다.

오는가 보다
가는가 보다

만남과 이별은 흔한 일이다. 사람들은 자신의 이익에 따라 오기도 하고 가기도 한다. 그것은 그 사람의 선택이고 결정이다. 그 사람을 오게 하거나 가게 하는 것은 우리가 아니라 바로 그 사람의 생각과 마음이다. 그러므로 누군가가 나에게 오거나 나에게서 떠나가는 것에 대해 좀 무덤덤해질 필요가 있다. 누군가가 다가오면 반색하다가 떠나가면 너무 괴로워하고 힘들어하는 사람이 많다. '왜 갔을까? 왜 떠났을까? 내가 뭘 잘못했을까? 나의 어떤 부분이 싫어서 떠났을까?'라고 생각하면서 상대가 떠난 이유가 마치 자신의 잘못인 것처럼 여기며 스스로를 못살게 군다. 오고 감은 상대가 결정하는 것이지 자신이 어떻게 할 수 없음을 알아야 한다. 그러니 누군가 다가오면 '오는가 보다.' 하고 떠나가면 '가는가 보다.' 하며 좀 편하게 생각할 필요가 있다.

그렇게 하면 인간관계가 너무 얕아지지 않느냐고 반문할 수 있다. 이에 대한 내 생각은 깊은 관계와 좋은 인연은 그렇게 쉽게 떠나지 않는다는 것이다. 좋은 인연은 시간이 지나도 쉽게 끊어지지 않고 계속해서 이어 가게 된다. 자신이 의도하지 않아도 상대가 의도하지 않아도 좋은 인연은 그 자체의 생명력이 길다. 이처럼 생명력이 길지 않고 짧은 인연은 그냥 거기까지라고 생각하는 것이 낫다. 그까짓 인연을 더 부여잡고 고민한들 무슨 소용이 있겠는가. 그런 인연이 오고 가는 것에 연연할 필요가 없다.

저 사람만 없으면
행복할 텐데

사회생활을 하면서 "저 사람만 없으면 행복할 텐데…."라고 말하는 사람이 많다. 이렇게 말하는 사람은 자신의 마음의 키를 '없어졌으면 하는 그 사람'에게 쥐여 줬다는 것을 알아야 한다. 그 사람이 있느냐 없어지냐는 그 사람이 결정할 일이다. 그가 나쁜 사람이든 좋은 사람이든 그 사람을 우리가 원하는 대로 움직이기는 어렵다. 남은 남이다.

그런데도 '저 사람만 없으면 난 행복할 텐데….'라고 생각하는 것은 자신의 삶의 주인은 자신이 아니고 '저 사람'이라고 여기는 격이다. 자신의 행복은 다른 사람의 행동에 달려 있다고 인정하는 것이다. 저 사람이 없어지지 않아도 자신의 삶을 행복하게 만들겠다는 생각으로 자신을 가꾸어야 한다. 누가 있고 없고가 중요한 것이 아니다. 그 누군가가 있든지 없든지, 자신을 사랑하고 자신을 중심으로 생각하며 살아가면 한결 자유로워진다. 자신을 중심으로 자신의 삶을 살아가는 중요한 삶의 태도이다.

지천으로 깔린
소인배들

인생을 살다 보면 주변에서 소인배 기질을 지닌 사람을 종종 보게 된다. 인간은 근본적으로 동물적 기질을 가지고 있어서인지, 자신의 이권을 위해서라면 남에게 피해를 주는 것도 아랑곳하지 않는 이들이 있다. 이렇게 지천으로 깔려 있는 소인배를 극복하는 것이 중요하다. 소인배를 극복한다는 것은 그런 부류에게 당당하고 단호하게 행동하는 것을 뜻한다. 대부분은 그런 부류의 사람을 만났을 때 당황하여 아무 말도 못 하고 그냥 참는다. 그렇게 하면 극복할 수가 없다. 그런 소인배가 싫어서 자신이 조직이나 모임을 떠나더라도 다른 곳에서 소인배 기질의 사람을 또 만나게 되고 상처를 받게 된다. 그러므로 그런 부류에게 당당하고 단호하게 대하는 태도를 가져야 한다. 그럴 때마다 자존감이 한 단계씩 상승하는 것을 느낄 수 있게 된다. 〈소인배를 발판 삼으라〉에서도 언급했듯이, 우리가 더욱 발전하고 스스로 자존감을 높이기 위해서는 그런 소인배를 어떻게 다루고 어떻게 대해야 하는지를 스스로 터득해야 한다. 그렇지 못하면 사회생활에서 끝없이 당하기만 하는 안타까운 처지가 되기 때문이다. 지천으로 깔려 있는 소인배들을 마주했을 때, '이 사람을 극복해야만 더 나은 자존감을 가질 수 있다.'라고 생각하고 당당하게 대해야 한다.

강약약강
강강약약

강한 사람 앞에서 비굴하게 행동하고 약한 사람에게는 강하게 행동하는 소인배 기질을 가진 사람이 많다. 그런 사람은 강한 상대에게는 머리를 조아리고 아부하면서 약자처럼 행동하다가, 자신보다 낮거나 약한 사람을 만나면 강압적이고 함부로 대한다. 이는 '강약약강'의 기질을 가진 사람이라고 할 수 있다. 반면 자신은 사회생활을 아주 잘한다는 듯이 '강강약약'의 행동을 한다고 말하는 사람도 많다. 즉, 강한 사람은 강하게 대하고 약한 사람은 약하게 대한다는 것이다. 얼핏 보면 이것은 좋은 행동이라고 생각할 수 있지만 이것 역시 그다지 좋은 행동이 아니다.

상대가 강하든 약하든 그것은 중요하지 않다. 우리는 자신의 가치관을 똑바로 정립하고 자신의 가치관에 맞지 않으면 자신의 의견을 강하게 말하고 행동으로 보여 줘야 한다. 상대가 강하냐 약하냐는 상대의 문제이다. 상대가 어떻든 우리는 자신의 가치관을 기준으로 행동의 일관성을 가지고 상대에게 자신의 행동을 보여 주는 게 중요하다. 상대가 처음엔 강자로 보였지만 약자로 바뀔 수 있고, 약자도 강자가 될 수 있다. 상대의 강약이 기준이 된다면 상대가 바뀔 때마다 우리의 행동도 달라진다. 상대가 강하든, 약하든, 강한 척하는 약자이든, 약한 척하는 강자이든 그것은 상대의 상태일 뿐이다. 우리 자신의 생각과 기준을 항상 돌아보고 상대가 누구든지 타당하고 분명한 자신의 가치관을 설정하고 실천하는 것이 중요하다.

닫힌 마음을
치유하는 방법

> P 씨는 순간적으로 잘못 사람을 믿었다가 배신을 당해서 몇 년째 소송 중으로, 고통스러운 상태이다. 그러한 사정을 지인에게 털어놓으며 하소 연했는데 그 지인은 그 사실을 약점으로 이용했다. 이에 P 씨는 다시 마음에 상처를 크게 입고 마음을 완전히 닫아 버린 채 사람 만나는 것을 두려워하고 어려워한다.

믿은 사람에게 배신을 당하는 것도 힘든 일인데 그 힘든 일을 하소연한 지인마저 자신을 어렵게 했으니 얼마나 힘들까 싶다. 이런 상황이 되면 사람이 그냥 다 두려운 대상이 될 수 있다. 사람은 믿을 대상이 아니다. 우리는 자신도 잘 못 믿는다. 그러므로 남을 믿는다는 것은 그 자체가 다분히 문제가 될 수 있다. 또한 P 씨처럼 어려운 상황이 되면 누군가를 의지하고 싶은 마음이 생기게 마련이다. 그래도 친하다고 생각한 사람에게 속내를 드러냈는데 위로받기는커녕 또다시 상처를 받는 경우도 많다. 이렇게 상처를 받아 닫힌 마음을 치유할 수 있는 유일한 해결책은 따뜻한 위로와 공감이다.

그렇다면 따뜻한 위로와 공감은 어디에서 얻을 수 있을까? 다른 누구도 아닌 바로 자기 자신이다. 내가 나를 공감하고 아파하며 스스로 따뜻하게 위로하면 닫힌 마음이 조금씩 열리게 된다. 이것은 다른 사람이 해 주기 어렵다. 다른 사람이 해 주는 것은 일시적일 수밖에 없다. 다른 사람이 영혼 없이 내뱉는 위로는 목마를 때 마시는 소금물과 같다. 더 바라고 더 원하게 된다. 다른 사람에게서 위로받기를 더 바라다 보면 결국에는 문제가 생긴다. 가장 큰 공감과 위로는 자기 자신이 할 수 있다. 그런데 너무나도 많은 사람이 스스로 공감하고 스스로 위로하는 방법을 모른다.

이렇게 해 보라. 거울 앞에 앉아서 태어난 후부터 지금까지 뛰고 있는 심장 부위와 산소를 공급해 주는 폐 부위에 손을 얹고 어루만지면서 스스로 위로해 보라. 그것만큼 큰 위로는 없다. 사회생활을 하면서 상처를 받고 배신을 당하면 마음이 닫힐 수도 있다. 그 닫힌 마음을 열 수 있는 것은 스스로에게 주는 따뜻한 공감과 위로임을 기억하자.

상처 준 남을
용서하기 전에

S 씨는 직장 동료에게서 너무 큰 상처를 받았다. 몇 달째 정신과 치료를 받고 있지만 여전히 힘들어한다. 주변의 많은 이가 그를 용서하라고, 용서하면 마음이 자유로워진다고 조언했다. S 씨도 용서해 보려고 하지만 잘 안된다. 그런 자신을 보면서 나는 아량이 없는 사람인가 하며 고민하고 더 괴로워한다.

자신에게 아픔이나 상처를 준 사람으로 인해 힘들어하고 정신적으로 무너지는 사람이 많다. 그런 사람을 바꿀 수 없기에 어떻게 해야 할지 몰라서 괴로워하고 힘들어하면서 정신적인 치료를 받는 사람이 얼마나 많은가? 많은 경우에 "그런 몹쓸 사람이라도 용서해라. 용서의 힘은 무한하다. 용서하면 자유로워진다."라는 얘기를 듣게 된다. 그래서 본인도 용서해 보려고 하지만 용서가 잘 안된다. 그러면서 이러지도 못하고 저러지도 못하는 자신을 보고 더 괴로워한다.

우리는 평범한 인간이다. 우리에게 깊은 상처와 아픔을 준 사람을 어떻게 용서할 수 있겠는가? 의식적으로 용서한다고 말할 수는 있지만 그것이 진심으로 하는 소리일까? 성인군자도 아닌 평범한 사람이 해탈의 경지에 오른 사람처럼 상처 준 사람을 쉽게 용서하는 것은 쉬운 일도 아니고 지속적인 일도 아니다. 한순간 용서하는 마음이 들 수도 있지만 그것은 몇 초, 몇 분이고 길어 봤자 몇 시간에 불과하다. 상처 준 사람은 용서가 안 된다. 어떻게 용서할 수 있겠는가?

하지만 용서는 꼭 필요하다. 상처를 준 그 대상을 용서하라는 것이 아니라 스스로를 용서하라는 것이다. 상처 준 그 사람에게 만만하게 보였던 자신을 용서하고, 배신하는 사람을 못 알아보고 속내를 내보인 자신을 용서해야 한다. 이렇게 자신을 스스로 용서하지 않아 자책감과 후회가 깔려 있으면 상처 준 사람을 극복할 수도 없다. 물론 내공이 대단한 사람은 상처 준 사람을 용서할 수도 있겠지만 보통 사람은 그렇게 하지 못한다. 그러므로 어설프게 상처 준 사람을 용서한다는 생각을 하지 말라. 자기 자신을 먼저 용서하고 위로하는 것이 가장 우선되고 중요하다. 남을 용서하기 전에 나를 용서해야만 남을 마음에서 버릴 수 있다. 남을 용서하는 것이 아니라 그 상처 준 사람을 내 마음에서 비워 낼 수 있는 것이다. 그러기 위해서는 먼저 자기 자신을 용서하고 위로해야 한다.

신의,
인간관계에서
가장 중요한 것

> A 씨는 하루하루 최선을 다하면서 열심히 살아가는 중년의 가장이다. 가정에서도 최선을 다하고 일터에서도 최선을 다하면서 살아왔다. 그러던 중 동료 B 씨의 배신으로 깊은 상처를 받았는데, 동료 B 씨는 배신한 적이 없다고 말한다. A 씨는 최선을 다하면서 나름대로 열심히 살았는데도 이런 일들이 생기니 사람 대하는 것이 두렵다고 한다.

인간관계에서 사랑, 배려, 이해, 선의, 정직 등 중요한 것이 많다. 모든 사람은 인간관계에서 가장 중요한 것은 이것이다 저것이다 하면서 각자 판단하는 것이 있다. 필자는 인간관계에서 가장 중요한 것은 바로 신의라고 생각한다. 다른 것들은 다시 회복하는 게 가능하지만 신의가 무너지면 회복이 불가능하다. 그만큼 신의는 인간관계에서 중요하다.

그런데 신의를 너무 쉽게 버리는 사람이 많다. 신의를 헌신짝 버리듯이 하는 것이다. 그들은 언제 그 신의를 헌신짝 버리듯이 할까? 바로 이권이 개입되었을 때이다. 이권이 개입되었을 때, 그들은 자신의 가면을 벗어 던지고 그 이권을 차지하면서 신의를 저버리는 행동을 한다. 그런 행동을 당하는 입장에서는 신의를 저버린 사람에게 상처를 받았고, 배신을 당했다고 괴로워하고 아파한다. 그렇게 신의를 저버린 사람에게 "왜 신의를 저버려서 이 사람을 이렇게 힘들게 합니까?"라고 물어본다면 뭐라고 답할까? 그는 화를 내면서 "내가 무슨 신의를 저버렸나요? 이렇고 저렇기 때문에 내가 그렇게 행동한 것이죠. 그때는 타당한 이유가 있었으니 그건 신의를 저버린 행동이 아니에요."라고 말할 것이다. 대부분 이렇게 말한다. 명분을 내세우면서 자신이 신의를 저버린 행동에는 타당한 이유가 있었다고 주장한다. 하지만 그 명분을 곰곰이 살펴보면 대부분 자기를 합리화하는 것이다. 자신이 신의를 저버린 것에 대한 변명에 지나지 않는다. 그렇기 때문에 신의를 저버린 사람들은 자신은 신의를 저버리지 않았다고 당당하게 혹은 뻔뻔스럽게 말하는 것이다.

명분은 중요하다. 명분이 있어야 한다. 그런데 이 명분에도 두 가지가 있다. 자기를 합리화하려는 명분이 있고 객관적으로 타당한 명분이 있다. 신의를 지버리는 사람들이 자기변명으로 사용하는 깃은 자기 합리화의 명분이다. 우리가 듣기에 조금 거북하더라도 "저 사람은 신의를 저버리는 사람은 아니야."라고 말하는 것은 그 사람이 객관적으로 타당한 명분을 내세웠기 때문이다. 객관적으로 타당한 명분이 있는 사람의 행동은 조금 거슬리더라도 우리가 신의를 저버렸다고 생각하진 않는다. 어떤 행동의 명분, 그 명분에는 두 가지의 큰 차이가 있다.

양금택목(良禽擇木)

　공자가 위나라를 떠나면서 했던 말에서 양금택목이라는 고사성어가 생겨났다. 슬기로운 새는 나무를 골라서 둥지를 튼다는 뜻이기도 하고, 현명한 사람은 자신을 키워 줄 수 있는 사람에게 줄을 선다는 말이기도 하다. 새도 나무를 골라서 둥지를 트는데 하물며 사람이랴?

　그런데 사람답게 사는 사람이 있는가 하면 동물의 본성대로 사는 사람도 있다. 사람은 가려서 사귀어야 한다. 주변에 어떤 사람이 있는지를 항상 체크해야 한다. 주변에 욕심을 내고 남을 음해하는 사람만 있다면 그 사람은 인생을 잘못 살았다고 할 수 있다. 모임도 생산적인 모임이 있는가 하면, 파괴적이고 비생산적인 모임이 있다. 파괴적이고 비생산적인 모임은 또 다른 비생산적인 모임과 얽히게 된다. 그래서 사기를 당한다든가 상처를 심하게 받는다든가 하는 일이 생기게 된다. 나이가 들면 들수록 주변을 정리하는 자세가 필요하다. 비생산적이고 파괴적인 말만 하는 부류는 끊어 내야 한다.

인간관계에는
한 발만 담가라

인간관계에서 상대에게 올인하는 사람들이 있다. 서로 알게 된 지 얼마 되지 않은 상태에서 대화가 잘 통하고 성격이 맞는다고 올인하는 것이다. 이는 두 발을 다 담그는 격이다. 두 발을 다 그 상대에게 담그면 무게 중심이 그 상대에게 쏠리게 된다. 그래서 그 사람의 행동이나 말에 영향을 많이 받게 된다. 인간관계에서는 한 발만 담그길 바란다. 한 발만 담가도 충분히 좋은 인간관계를 유지하며 사회생활을 할 수 있다. 사실 한 발만 담가야 더 쿨하게 상대를 대할 수 있다. 두 발을 담가 생활하다 보면 상대방의 말이나 행동에 섭섭함과 배신감을 느끼는 경우가 많다. 한 발만 담그면 상대방의 말이나 행동에 '그럴 수도 있지.'라고 생각하며 쿨하게 넘길 수 있다. 모든 생각의 무게 중심을 자신에게 두기 위해서는 인간관계에서 한 발만 담근다고 생각하며 지내야 한다.

어떤 사람이 사회생활도 잘하고 인간관계도 아주 원만하게 잘한다면 분명 그는 인간관계에서 한 발만 담근 상태일 것이다. 한 발만 담근다고 해서 이기주의자는 절대 아니다. 사람은 기본적으로 동물적 기질을 가지고 있다. 그렇기 때문에 공포나 이권이 개입되면 쉽게 변할 수 있다. 너무 사람을 믿고 의지하면 오히려 상처를 받기 쉽다. 인간은 한계를 극복하기 힘들고 이기적인 기질을 지니고 있다. 자신이 인간관계에서 두 발을 담근다고 생각하면 그런 행동을 바꾸어야 한다. 두 발을 담그는 것도 습관이다. 오랫동안 버릇이 되어 있어 본인도 잘 모르면서 좀 친해지면 올인하는 마음이 생기는 실수를 범한다. 곰곰이 자신의 인간관계 스타일을 체크해 볼 필요가 있다. 쉽게 두 발을 담그는 스타일인지, 무게 중심을 자신에게 두고 한 발만 담그면서 인간관계를 유지하는 사람인지 꼭 스스로 점검해 보아야 한다.

인연,
함부로 맺지 말라

옷깃만 스쳐도 전생에 인연이 있다는 말이 있다. 그만큼 사소한 인연도 소중히 여기라는 말일 것이다. 인연에는 좋은 인연도 있지만 가치 없고 나쁜 인연도 있다. 가치 없고 나쁜 인연은 어떻게 해야 하는가? 시간이 지나면 지날수록 더 큰 상처로 다가오기 때문에 가치 없는 인연은 버려야 한다. 그런 인연을 부여잡고 끌고 가다가 상처를 받는 사람이 얼마나 많은가?

법정 스님의 말씀이라고 말하는 사람들이 많지만 작자 미상의 말이 있다. "함부로 인연 맺지 말라. 대부분의 피해는 진실성 없는 가치 없는 인연에 최선을 다한 벌이다. 가치 없는 인연을 좋은 인연이라고 생각하고 최선과 진실을 쏟아부은 것은 실수이고 잘못이다. 그 실수와 잘못의 벌이 바로 대부분의 피해라는 것이다."

그렇다면 좋은 인연과 나쁜 인연은 어떻게 분별할 수 있을까? 소중한 시간을 쏟아 보면 좋은 인연인지 나쁜 인연인지를 알 수가 있다. 몇 번 보고 '저 사람은 너무 좋은 인연이야.'라고 생각하는 사람은 인연 맺기에 헤픈 사람이다. 주로 마음에 깊은 상처를 잘 받고 배신을 쉽게 당하는 사람이 그렇다. 시간을 쏟으면 결국 그런 나쁜 인연은 발톱을 드러내게 되어 있다. 발톱을 드러냈을 때, '그 사람이 잠시 실수한 것이겠지?'라고 생각하면서 묻어 두면 나중에 더 큰 피해를 보게 마련이다. 인연을 맺는 것에 헤퍼서는 안 된다.

나쁜 인연에게서 받은 상처와 아픔으로 오랫동안 괴로워하고 아파하는 사람이 많다. 어떻게 해야 하는가? 이것만 기억하면 자유로워질 수 있다. 이권이 개입되었을 때 본색을 드러내는 나쁜 심보를 가진 사람은 살면서 알아서 벌을 받는다는 사실이다. 우리가 굳이 행동할 필요가 없다. 겉으로 잘 사는 것처럼 보일지라도 속으로 곪는 삶을 살기 때문에 굳이 직접 벌주려고 할 필요가 없다.

배신한 사람을
마음에서 빼내기

　현대 생활 속에서 인간관계에서 배신감을 느낄 때가 있다. 배신은 마음에 깊은 상처를 남긴다. 배신한 사람 때문에 오랫동안 괴로워하고 아파하는 사람이 많다. 마음속에 자리 잡고 있는 배신한 사람을 쉽게 빼낼 수는 없을까? 마음속에 자리 잡고 있는 배신한 사람에 대한 기억은 시간이 지나도 흐려지지 않아서 본인을 괴롭히기 때문이다. 그리고 복수하고 싶은 마음이 생기게 된다. 배신한 사람을 생각할 때 제일 좋은 복수는 보란 듯이 잘 사는 것이다. 배신한 사람이 부러워하고 시기 질투할 만큼 보란 듯이 잘 사는 것이 가장 큰 복수이다. 하지만 인간의 마음이 그렇게 쉽게 정리되지는 않는다. 보란 듯이 잘 살아도 마음속에 자리 잡고 있는 배신한 사람을 빼내고 싶다. 어떻게 쉽게 빼낼 수 있을까?

　배신한 사람을 마음에서 빼내기 위해서는 용서해야 한다고, 용서할 때 비로소 배신한 사람을 마음에서 빼낼 수 있다고 말한다. 배신한 사람을 용서한다? 이게 쉬운 일일까? 평범한 보통 인간이 할 수 있는 일일까? 대단한 내공도 없고, 해탈의 경지에 이르지 못한 보통 사람이 배신한 사람을 용서하는 것은 쉬운 일이 아니다. 말과 생각으로는 용서했다고 하더라도 마음속 깊은 곳에 그에 대한 분노는 계속 머물러 있다. 그렇기 때문에 배신한 사람을 마음속에 두어선 안 된다. 1년, 5년, 10년이 지나도 배신한 사람이 마음속에 자리 잡고 있으면 그 아픔을 계속 느끼기 때문이다.

　용서? 그렇다. 배신한 사람을 빼낼 수 있는 것은 용서가 맞다. 여기서 용서는 그 배신한 사람을 용서하는 것이 아니라 자기 자신에 대한 용서이다. 믿지 말아야 할 사람을 믿은 자신을, 배신할 사람을 분별하지 못한 자신을 용서하는 것이다. 자신을 용서하지 않으면 계속 자책하게 되고, 자책할 때마다 배신한 사람은 굳건히 마음속에 자리를 잡기 때문이다.

용서가 필요하다. 자신의 잘못을 스스로 먼저 용서하는 것이 마음속에 자리 잡고 있는 배신한 사람을 빼내는 시작점이다.

상처 주는 사람에게 겁먹으면 끝이다

　사실 끝이라는 말은 안 좋은 말이다. 싸우고 나서 "너하고는 끝이야."라고 말하는 것은 무책임한 태도이다. 하지만 우리에게 상처 주는 사람에게 겁먹으면 정말 끝이다. 구제 불능이다. 남에게 상처 주기를 일삼는 사람이 있다. 그런 성질을 가진 사람은 자신이 남에게 상처 주고 있다는 사실도 모른다. 소인배와 하이에나 기질을 가진 사람이라고 할 수 있다. 이런 부류는 안타깝게도 거의 변하지 않는다. 뼛속 깊이 그런 기질이 배어 있기 때문에 바뀌지 않는다. 그런 사람은 남에게 상처 주는 말을 하고도 자신은 도움이 되고 피가 되고 살이 되는 얘기를 했다고 생각한다. 거의 구제 불능이라고 할 수 있다. 남에게 비수를 꽂는 듯한 아픔과 상처를 주면서 정작 본인은 남을 도와주려고 했다니? 어처구니가 없다.

　여기서 중요한 사실을 명심해야 한다. 그렇게 남에게 상처와 아픔을 주는 사람의 말을 그냥 듣고만 있으면 그 사람은 점점 더 센 강도로 상처 주는 말을 하게 된다. 그러면서 어떤 죄책감도 못 느끼고 상대를 인격적으로 더 무시하게 된다. 그러면 그렇게 상처 주는 사람에게 왜 아무 말도 못 하고 꿀 먹은 벙어리처럼 있는가? 봉급을 받기 위해서는 참아야 하니까? 지금까지 버텨 온 것이 아까워서? 아니다. 그렇게 상처 주는 사람에게 아무 말도 못 하는 이유는 겁먹었기 때문이다. 그래서 상처 주는 사람에게 겁먹으면 끝이라고 한 것이다. 회복도 안 된다. 그러니 애초에 겁먹으면 안 된다. 상대가 상식에서 벗어나는 말로 상처 주고 아픔을 줄 때 그런 행동은 부당하고 나는 받아들일 수 없다고 분명하게 얘기해야 한다. 물론 감정을 섞어서 얘기하면 안 된다. 그러면 득보다 실이 많아진다. 같은 부류가 되고 엉망진창이 된다. 상처 주는 상대에게 얘기할 때는 또박또박 단호하게 말해야 한다. 그러기 위해서는 겁을 먹어서는 안 된다. 상처 주는 사람에게 겁먹는 경우가 의외로 많다. 상대방에게 겁먹는 것만으로도 상황을 나쁘게 끌고 갈 수 있다는 것을 명심해야 한다.

인생은 100번도 아니고 1번밖에 없는데, 남에게 쉽게 상처 주는 사람에게 겁을 먹는 것은 자신의 인생에 대해 너무 무책임한 행동이다. 단호하게 자신의 의견을 표현하는 것이 중요하다. 겁먹을 필요가 없다. 여기서 많은 사람이 "또박또박 단호하게 얘기하면 문제가 더 커지지 않을까요?"라고 하며 걱정한다. 그럴 일은 없다. 보통 처음엔 너 강한 척하지만 바로 꼬리를 내리게 되어 있다. 이런 하급 부류의 소인배에게 할 말을 못 하면 계속해서 큰 고통을 받게 된다. 감정을 싣지 않고 단호하게 표현하면 상대가 꼬리를 내리는 것을 경험할 수 있다.

남이 나와 다름을
인정하자

상대의 의견이 본인과 다를 때 무조건 상대가 틀렸다고 생각하는 사람이 많다. 자신의 의견과 충돌할 때 상대의 생각이 잘못됐다고 단정하듯 말하는 것이다. 그런 사람은 사회생활을 하는 데 문제가 많다. 남이 나와 다르다고 남이 다 틀린 것은 아니고 잘못된 것도 아니다. 자신의 생각과 남의 생각이 다를 수 있다는 '다름'을 인정하면 훨씬 원활한 인간관계를 구축할 수 있다. 남의 의견이 본인의 의견과 다를 때 "네 생각이 틀렸어. 네 생각이 잘못됐어."라고 말하기보다는 "나는 미처 너처럼 생각해 보지 못했구나. 너처럼 판단할 수도 있겠구나."라고 말하는 것이 중요하다.

나와 생각이 다르다고 남이 무조건 틀렸다고 말하는 게 버릇이 된 사람은 주변에서 사람들이 점점 멀어져 간다. 그런 사람과는 의견 나누기를 싫어하게 된다. 그와 다른 나를 무조건 틀렸다고 할 게 뻔하기 때문이다. 그러므로 다른 사람의 생각이나 판단이 나의 것과 다를 수 있음을 인정하자.

배려와 희생을
구분하라

많은 사람이 배려와 희생을 혼동한다. 남을 배려해 줬다면 거기까지이다. 내가 배려해 줬을 때 그 상대가 나에게 보답하느냐, 배려를 받은 것을 당연하게 여기느냐는 상대가 결정할 문제이다. 상대의 생각과 행동까지 내가 어떻게 할 수는 없다. 남을 배려해 줬으면 거기까지라는 것을 명심해야 한다.

그런데 희생하는 사람이 있다. 가령 몸살 기운이 있고 아플 때 친구가 전화로 만나자고 하면 어떻게 하는가? "오늘 몸이 안 좋아서 나갈 수가 없을 것 같다. 연락해 줘서 고맙지만, 다음에 날 잡아서 보도록 하자."라고 거절하면서 배려 깊은 말을 남기면 된다. 그런데 자기 몸이 좋지 않음에도 불구하고 친구가 만나자고 하니 꾸역꾸역 나가는 사람이 있다. 그랬다가 찬 바람을 쐬고 독감까지 걸려서 들어온다. 이 경우에 나는 친구를 위해 최선을 다했고 희생했다고 생각한다. 배려가 지나친 것이다. 또 다른 상황으로 친구가 경제적으로 상황이 안 좋아져서 100만 원을 빌려 달라고 한다. 본인이 가진 것도 100만 원이 전부인데 친구를 배려한답시고 100만 원을 다 빌려준다면 배려가 지나쳐서 희생한 것이다. 이렇게 남을 위해 희생하면 어떤 일이 생길까? 상대가 그 희생을 알아주고 그도 최선을 다해 보답할까? 이렇게 희생에 가까울 정도로 남을 위해 준 다음에는 상대에게 기대하게 된다. 인간은 단순한 동물이다. 본인이 희생했다고 생각하면 그 상대에게 뭔가를 기대하게 된다. 어떤 형태로도 자신이 희생한 것에 보답받기를 기대한다. 상대가 이것을 알아차리면 부담을 느끼게 된다. 그러므로 남을 배려할 때는 자신이 타격을 받지 않고 손상이 크지 않은 선에서 끝내야 한다. 배려가 지나쳐서 희생의 수준까지 가게 되면, 기대와 부담이란 부정적인 결과를 낳게 된다. 그러면 두 사람은 사이가 점점 나빠질 수 있다. 자신이 희생했다고 생각한 사람은 배신당했다는 둥의 소리를 할 수도 있다. 이것이 혼자서 북 치고 장구 치는 모습의 전형이다.

자기 자신을 존중하고 사랑하며 업그레이드하면 남에게 좋은 인상을 주고 좋은 관계를 유지할 수 있는 자격이 생긴다. 그런 다음에 남을 진심으로 배려하라. 남에게 도움이 되는 말과 조언을 아끼지 말고, 자신이 여유가 되는 선에서 남을 도와주라. 그 이상을 하면 희생이 되고, 희생은 기대와 부담을 낳는다. 그러므로 배려와 희생을 구분할 줄 알아야 보다 건강한 인간관계를 구축할 수 있음을 기억하자.

절교해야 할 사람과
절교하지 못하는 바보짓

　우리는 일상생활에서 많은 사람을 만나게 되는데 그중에는 항상 문제를 일으키고 부정적인 사고로 주변 사람을 힘들게 하는 사람도 있다. 그런 사람과 엮이면 뭔가 피곤한 일이 생기고 불편한 일이 생길 수 있다. 그런 사람은 멀리해야 한다. 절교해야 한다. 하지만 많은 사람이 절교하는 데 익숙하지 않다. 매일 만나는 사이라서 혹은 특별한 관계라서 정리하지 못하고 끌려다닌다. 마음 한편에서는 '절교해야 하는데, 절교해야 하는데….' 하면서 몇 년간 혹은 몇십 년간 관계를 유지하는 사람이 많다. 절교할 만한 용기가 없기 때문이다. 사실 매일 함께 일하는 동료와 절교한다는 것도 쉽지는 않다. 신경 쓸 일이 많고 서로 불편할 수도 있다. 그래서 계속해서 상대에게 끌려다니며 점점 더 안 좋은 상태로 빠져들게 된다. 그러고는 나중에야 '아, 그때 절교했어야 하는데….'라고 후회한다.

　절교는 외부적인 접촉을 끊는 절교도 있지만 마음의 절교도 있다. 마음의 절교를 하기 전에는 그 사람의 말이나 행동에 의해 이리 당하고 저리 당한다. 하지만 마음의 절교만 해도 그렇게 끌려다니지는 않게 된다. 마음의 절교를 하면 너무나도 신기하게 그 사람의 부정적인 얘기나 행동에 의해 더는 끌려다니지 않게 된다. '기차가 지나가는구나. 옆집에서 개가 짖는구나.'라고 생각할 수 있고 마음의 벽을 쌓을 수 있다.

　현대 사회에서 "난 이제 너와 절교할 거야. 연락도 하지 말고 아는 척도 하지 마."라고 선언하는 것은 쉽지 않다. 그러나 마음의 절교를 하는 데는 그런 번거로움이 없다. 마음의 절교를 하면 자기 의사를 더 잘 피력할 수 있고 자신의 생각도 훨씬 더 표현할 수 있다. 절교해야 할 사람과는 절교해야 한다. 여러 가지 상황에서 여의치 않다면 마음의 절교라도 꼭 해야 한다. 그렇지 않으면 그 사람에게 끌려다니다가 나중에는 후회만 남기 때문이다.

사람을 대할 때는
난로를 대하듯이 하자

　추운 겨울에 따뜻한 난로는 귀한 존재이다. 추위를 극복하도록 도와주기 때문이다. 그런데 난로에 너무 가까이 가면 화상을 입게 된다. 난로와의 적정 거리를 유지해야 한다. 반대로 난로가 있는데도 멀리 떨어져서 추위에 떠는 것은 어리석은 짓이다.

　인간관계에서도 적정 거리가 필요하다. 상대에게 너무 가까이 다가가면 부담을 느낄 수 있다. 상대가 부담스러워한다는 것을 알게 되면 섭섭함을 느낄 수도 있고 심하면 배신감을 느끼기도 한다. 이런저런 이유로 인간관계에서도 너무 가깝게 지내는 것은 바람직하지 않다. 그런데 적정 거리를 지키면 서로 편안함을 느끼고 부담 없이 서로를 더 존중하게 된다. 많은 사람이 더 가까이 친해져야 서로를 더 존중하게 된다고 생각하지만 그렇지 않다. 인간도 혼자 잘 다니는 동물이다. 그런데 누군가가 바싹 달라붙어 가까이 지내길 원하면 당장 부담감이 든다. 한편, 거리를 너무 멀리 두면 서로 교류하고 소통하기가 힘들어진다. 이렇게 서로 간에 소통이 원활하지 않은 경우에도 원만한 인간관계를 구축하기가 어렵다. 거리를 너무 두면 상대는 자신에게 관심이 없다고 생각하고 마음을 닫게 된다. 그러므로 사람들과의 거리를 너무 멀리 두면 자신이 외로워진다. 사람은 사회적 동물이다. 사회적으로 교류하고 소통하면서 발전한다. 그러므로 너무 가까워도 안 좋지만 너무 멀리하는 것도 좋지 않다. 인간관계에서는 난로를 대하듯이 적정 거리를 유지하는 것이 가장 바람직하다.

호구로 보이는
바보가 되지 말자

대부분의 사람은 행복을 추구한다. 남을 존중하고 배려하며, 자신을 사랑하고, 긍정적인 마음으로 다른 사람과 더불어 잘 살려고 노력하며 지내고 있다. 가족끼리도 부모가 자식을 사랑하고 자식은 부모를 존중하면서 평온한 삶을 살려고 노력하는 것이 바로 행복해지는 지름길이다. 하지만 가끔 소인배를 만나게 된다. 상대가 소인배라도 참고 배려해 주며, 긍정적으로 보려고 하는 사람들이 있다. 이것은 아주 큰 실수이다. 소인배는 바뀌지 않고 자신의 이권이 개입되면 남에게 상처나 아픔 주는 일을 서슴지 않는다. 그렇기 때문에 행복하게 살려고 노력하더라도 소인배를 만났을 때는 단호함이 절대적으로 필요하다. 소인배가 말도 안 되는 행동을 하면 단호하게 "싫어. 하지 마. 나는 원치 않아."라고 말할 필요가 있다. 소인배는 이권을 얻으려고 남에게 상처를 주거나 아픔을 줄 때 그에 대해 상대가 아무 소리도 하지 않고 반응하지 않으면 무례함과 악행의 강도를 점점 더 높인다. 자신이 얼마나 못된 짓을 하는지도 모른다. 그리고 상대를 호구로 생각한다. 더 나아가 바보라고 생각하고 더 마음대로 대한다.

그러므로 우리가 행복하고자 하는 마음으로 행동하고 생각하더라도 소인배를 만났을 때는 단호함을 가져야만 호구가 되지 않음을 꼭 명심해야 한다.

소인배의 폭언과
갑질에 맞서라

　소인배는 공격성을 지니고 있다. 인간은 동물이다. 동물의 선천적 기질을 다 가지고 있다. 소인배가 폭언을 하고 갑질을 하는 것은 공격하는 상황이다. 동물이 다른 동물을 공격할 때 공격 대상이 겁을 먹었는지가 아주 중요하다. 목표 동물이 겁먹은 눈빛, 행동, 태도를 보이면 공격성은 점점 세진다. 소인배의 폭언 및 갑질과 같은 공격성도 비슷한 경향을 보인다. 처음에는 공격의 정도가 10인데 상대가 겁먹는 표정, 눈빛, 태도를 보이면 점점 강도가 세진다. 동물적 본능이다. 겁먹는 순간 그 소인배의 공격성은 점점 강해지고 본인의 자존감은 더 떨어지며 더 움츠리게 된다.

　"소인배의 저런 행동, 폭언, 갑질에 왜 겁내세요?"라고 물으면 '겁나는 걸 어쩌겠나?'라고 생각한다. 그렇다면 겁내지 않기 위해서는 어떻게 행동하고 생각해야 하는지 알아봐야 한다. 먼저, 제일 쉽게 할 수 있고 중요한 것이 눈빛이다. 동물도 인간도 눈빛이 중요하다. 범죄자의 눈빛은 살기가 서려 있다는 말이 있고, 순한 사람은 사슴 같은 눈을 가졌다고 말한다. 눈빛은 많은 것을 보여 준다. 겁먹은 사람의 눈엔 벌써 겁먹은 눈빛이 보인다. 그런 눈빛을 바꾸는 것이 쉬우면서도 매우 중요한 첫 단계이다. 소인배가 폭언과 갑질을 할 때 겁먹지 않기 위해 두 눈을 부릅떠 보라. 두 눈을 부릅뜨면 내면에서 할 말을 할 용기가 생긴다. 반면에 겁먹으면 내면의 소리에 귀를 기울일 수도 없고 뇌가 정지된 것같이 하얗게 된다. 하지만 눈을 부릅뜨면 내면에서 외치는 소리를 듣게 되고 말할 수 있는 용기가 생긴다. 말할 때는 단호하게 의사를 잘 표현해야 한다. 겁먹는 사람은 말하라고 해도 할 말을 못 한다. 그것도 연습이 필요하다. 거울을 보면서 어떤 상황에서도 또박또박 단호하게 말하는 연습을 해야 한다. 그렇게 연습하다 보면 어느 순간 내면의 소리대로 단호하게 외칠 수 있게 된다. 거울을 보면서 연습하지 않고 갑자기 말하면 감정이 섞인다. 그러면 목소리가 높아진다. 목소리가 높아지고 감정이 들어간 상태로 상대에게 말하는 것은 소용이 없다. 소인배에게 말할 때는 단호하게 말하되 감정을 넣거나 목소리를 높이면 안 된다. 그러면 싸움이 되고 소인배와 싸울 때는 상상을 초월하는 에너지를 쏟아야 한다. 이 무슨 낭비인가?

소인배의 폭언과 갑질에는 다음과 같이 세 가지 방법으로 대처하는 것이 좋다.

첫째, 두 눈을 부릅뜬다.
둘째, 단호하게 말하는 것을 연습하여 단호하게 말한다.
셋째, 말할 때는 목소리를 높이거나 감정을 넣지 않는다.

이 세 가지 원칙을 지키고 행동하면 소인배도 멈칫멈칫하게 되어 있다. 지렁이도 밟으면 꿈틀한다는 말이 있다. 자신이 어떤 부당한 대우를 받을 때 "싫다. 하지 마. 거부한다."라는 표현을 단호하게 해야 한다. '나는 본래 착해서 그렇게 말하지 못해.'라고 생각하는 사람도 있고, '두 눈을 부릅뜨는 것은 천성적으로 못 하겠어.'라고 생각하는 사람도 있다. 그러면 자식을 생각해서라도 단호하게 말해야 한다. 소인배에게 아무 소리도 못 하고 당하기만 한다면, 속으로 끙끙 앓기만 한다면, 그런 기운을 집에 돌아가서 풍기게 된다. 자식이 소인배의 갑질과 폭언에 아무 소리도 못 하고 당하고만 있다고 가정해 보자. 억장이 무너지지 않는가? 부모가 밖에서 아무 말도 못 하고 당하기만 한다면 그런 기운을 자식에게 물려주게 된다. 이 사실을 명심하면 자신의 행동이 얼마나 중요한지를 알게 된다. 폭언과 갑질을 하는 소인배에게 겁먹으면 끝이다. 자신의 인생을 망치고 가족의 행복에 악영향을 주는 그런 서푼어치도 안 되는 소인배에게 겁먹는 일은 없어야 한다.

혼자서 북 치고
장구 치지 말라

북을 치기도 장구를 치기도 쉽지 않은데 혼자서 북 치고 장구 치는 사람이 많다. 인간관계에서 많이 힘들어하고 상처를 받는 사람 중에 이렇게 혼자서 북 치고 장구 치는 사람이 있다. 전형적인 예는 다음과 같다. 어떤 모임에서 한 사람에게 호감을 느껴서 최선을 다해 그 사람에게 잘해 주었다. 다른 사람보다 더 신경 써 주고 더 많은 정성을 기울였다. 그런데 상대는 나에게 특별하게 더 잘해 주지 않고 다른 사람과 똑같이 대한다. 그러면 이제 미운 마음이 들고 배신당한 느낌을 받으면서 속상해하는 사람이 있다. "내가 얼마나 신경 쓰고 잘해 줬는데 어떻게 나한테 이럴 수 있지?"라고 말한다. 이런 사람이 바로 혼자서 북 치고 장구 치는 사람이다.

우리가 어떤 사람에게 호감을 느껴서 잘해 주고 싶은 마음은 우리의 마음이다. 특별히 그 사람에게 잘해 주는 것은 자신의 선택이다. 그런데 문제는 그 사람도 똑같이 자신에게 잘해 주기를 바란다는 것이다. 자신이 상대에게 호감을 느껴서 잘해 주는 것, 배려하는 것, 이해하는 것, 도움을 주는 것까지는 자신의 몫이다. 그런데 상대도 똑같이 자신에게 잘해 줄 거라고 생각하는 것은 혼자서 북 치는 것이고, 상대가 기대에 미치지 못할 때 서운해하고 나아가 괘씸하게 여기는 것은 혼자서 장구까지 치는 격이다. 혼자서 북 치고 장구를 치면 음정도 박자도 다 틀리게 된다. 불협화음이 생긴다.

그러므로 남을 배려하고 이해하며, 도움이 필요하다면 도와주는 데까지만 허용하라. 상대도 똑같이 자신에게 배려와 이해와 도움을 줘야 한다고 생각하지도 기대하지도 말라. 그것은 상대가 선택하고 결정할 부분이다. 내가 잘해 주었다고 상대의 선택권과 결정권까지 임의로 할 수 없음을 명확히 알아야 한다. 현대 사회에서 인간관계를 힘들어하는 사람들이 겪는 문제의 원인이 바로 이것이다. 혼자서 잘해 주고 혼자서 상처를 받는 것. 혼자서 북 치고 장구 치는 바보짓이다.

Give and Take?
Give and Forget!

우리는 "Give and Take."라는 말을 많이 듣고 자랐다. "무언가를 얻기 위해서는 먼저 주라. 내가 대접받고 싶다면 남을 먼저 대접하라."라는 얘기이다. 'Take and Give'를 하는 사람도 있다. 본인이 먼저 무언가 이득이 생겨야만 남을 도와주고 신경 쓰는 사람도 많다. 그렇기 때문에 'Give and Take'라는 말이 있을 수 있다. 먼저 주고 다음에 받으라는 뜻인데 이 말도 상처를 받기에 딱 알맞은 말이다. 'Give and Forget'의 마음을 가져야 한다. 남에게 호의를 베풀거나 도움을 줄 때는 본인이 여유가 되는 선에서 하라는 얘기이다. 자신에게 타격이 될 정도로 베풀거나 도움을 주면 'Give and Take'를 생각하게 된다. Give는 했는데 Take가 안 되면 배신감도 느끼고 분함도 생긴다. 배신당했다는 등의 말로 자신을 괴롭히고 안타까워한다.

인간관계에서 'Give and Forget'의 개념을 가지고 살면 삶이 평온해진다. 허락되고 여유가 되는 선에서 남에게 Give를 한 다음에는 잊어버리라는 것이다. 우리는 스스로도 자신의 의도대로 행동하지 못할 때가 있다. 자신이 약속한 일을 100% 잘 지키는 사람은 거의 없다. 하물며 남은 어떠하겠는가? 우리가 무엇을 남에게 Give했다고 그 사람이 우리에게 보답하고 감사하는 것을 당연하게 생각할 수는 없다. 물론 감사하게 생각하는 사람도 있지만 그렇지 않은 사람도 많다. 고마워하고 보답하는 것은 그 상대의 몫이다. 그 상대가 결정하는 것이다. 우리가 결정할 일도 아니고 기대할 바도 못 된다. 우리는 사회적 동물이기 때문에 남을 도와주고 배려해야 할 때가 많다. 그땐 본인이 허락되고 여유가 되는 선에서 'Give and

Forget'을 할 정도만 베풀도록 해야 한다. 상대에 대한 기대감도 생기지 않고 배신당했다고 혼자서 끙끙거릴 일도 일어나지 않게 말이다. 그러면 혹자는 "손해 보는 것 같잖아요?"라고 말할 수 있다. 남에게 베푼 호의나 배려에 보답을 받지 못해서 손해 본 것 같을 수 있다. 하지만 남에게 베푼 호의나 배려는 쌓이고 쌓여서 삶에서 큰 행운이나 복으로 돌아온다는 사실을 명심하자.

이쯤에서
속내를 보여 줘서
고맙다

　인간관계에서 진정으로 좋은 친구를 100으로 잡고, 처음 만난 사람을 0으로 잡았을 때 우리에게 아픔과 상처를 주는 사람은 몇 점을 줄 수 있을까? 우리는 소인배 기질을 지닌 사람을 조심해야 한다. 소인배는 상황에 따라 행실이 달라진다. 특히 이권이 개입되었을 때는 손바닥 뒤집듯이 쉽게 바뀌는 모습을 볼 수가 있다. 소인배 부모 밑에 소인배 자식이 있다. 그래서 가정 교육이 너무나도 중요하다. 부모의 재력, 권력, 명예보다 부모의 인격이 훨씬 중요하다. 부모의 인격은 자식에게 그대로 보인다.

　그런데 살다가 황당하게 당하는 경우가 있다. 좋아 보이고 겸손하게 보였던 사람이 어느 순간 갑자기 행동을 바꿀 때가 있다. 바로 이권이 개입되었을 때 그렇게 변하기 때문에 우리가 느끼는 배신감은 더할 수밖에 없다. 그럴 때 많은 사람이 상처를 받고 괴로워하며 아파하고 밤잠을 설친다. 그럴 필요가 없다. '이쯤에서 속내를 보여 줘서 고맙다.'라고 생각해야 한다. "열 길 물속은 알아도 한 길 사람 속은 모른다."라는 속담이 있다. 그렇게 사람 속은 알 수 없는 것이다. 뼛속 깊이 소인배 기질을 지니고 있는 사람이라도 가면을 쓰고 있으면 알 수가 없다. 이권이 크든 작든 간에 이권이 개입되었을 때 그 소인배 기질을 드러내는 사람에게 우리는 '속내를 이쯤에서 보여 줘서 고맙다.'라고 생각하는 것이 속이 편하다. 더 큰 이권이 개입되었을 때 손바닥 뒤집듯이 뒤집는다면 얼마나 더 큰 상처를 받겠는가? 이쯤에서 속내를 보여 준 것을 고맙게 생각해야 한다. 여기서 중요한 것은 한 번 당한 것을 또 당하면 바보라는 것이다. 상대가 그렇게 속내를 드러냈는데도 '실수겠지.'라고 생각하면 또 당하게 된다. 그것은 완벽한 바보짓이다.

　상식적으로 보통 사람이 생각하기에 비열한 행동을 하는 사람은 거의 없다. 그러므로 그런 행동을 할 때 그 사람과의 인연은 끝이라고 생각할 필요가 있다. 사람은 바뀌지 않는다. 바뀌지 않는 사람의 천성을 작은 이권에 의해 드러내 줄 때 도리어 고맙게 생각하는 것이 좋다.

3부

이 또한
지나가리라

후회가
밀려올 때

　누구에게나 아쉬운 과거가 있다. 아쉬움이 밀려올 때 후회하기도 한다. 심지어 후회에 휩쓸려서 현재를 망치는 사람도 많다. 아무리 과거의 일이 후회스럽더라도 현재에 나쁜 영향을 미치지 않도록 노력하는 것이 중요하다. 지나간 일에 대한 아쉬움과 후회 속에서 사는 사람이 있는가 하면, 과거에 대한 생각을 멈추고 현재에 에너지를 쏟는 사람이 있다. 후자가 시간이 지날수록 삶을 훨씬 긍정적이고 발전적으로 살게 된다. 핵심은 과거의 나쁜 기억이나 후회가 밀려올 때 그 생각의 꼬리를 잘라야 한다는 것이다. 아쉬운 과거의 일을 지속적으로 후회하다 보면 그 부정적인 생각이 눈덩이처럼 커져 버린다. 나쁜 기억의 꼬리를 잘라 내는 자기만의 방법이 있어야 한다. 과거의 나쁜 생각이 떠오를 때면, 바로 산책을 하거나 좋아하는 음악을 듣거나 혼자서라도 운동을 하면 생각의 꼬리를 자를 수 있다. 지나간 일에 대한 후회에 빨려 들면 현재를 망치게 된다. 자신에게 가장 알맞은 '생각의 꼬리 자르는 방법'을 터득하는 것이 건설적인 삶을 영위하는 데에 매우 중요하다.

　자신에게 가장 잘 맞는 '생각의 꼬리 자르는 방법'은 무엇인가? 자신에게 가장 적합한 활동은 무엇인가? 곰곰이 생각해 보고 찾아야 한다. 이것저것 시도해 보고 가장 효과적인 방법을 찾고 자신만의 방법으로 만들어야 하는 것이다.

잘못된 결정을
줄이는 방법

인생은 선택의 연속이다. 선택은 언제나 해야 하는데, 잘한 선택이 있는가 하면 잘못된 선택도 있다. 우리가 선택할 당시에는 그것이 잘한 선택인지 잘못된 선택인지를 바로 알 수는 없다. 시간이 지나면서 알게 된다.

잘못된 선택을 줄이는 것이 중요하다. 전혀 하지 않을 수는 없으므로 최대한 잘못된 선택을 줄이는 것이 필요하다. 어떻게 하면 잘못된 선택을 줄일 수 있을까?

어떤 일을 결정할 때 그 분야의 전문가에게 물어서 전문적인 조언을 구하는 방법을 추천한다. 의외로 많은 사람이 어떤 일을 결정할 때 자신의 생각과 경험에만 근거하여 판단한다. 하지만 무엇이든 결정하고 선택할 때는 먼저 그 분야의 전문가에게 묻고 또 묻는 것이 중요하다. 그랬을 때 잘못된 선택이나 결정을 상당히 많이 줄일 수 있다. 귀중한 조언이나 핵심적인 충고는 주변에 있는 비슷한 사람들에서는 얻기 어렵다. 그 분야의 경륜이 쌓인 전문가를 찾아가서 도움을 구하면 너무나도 귀한 조언을 들을 수 있다. 주변 사람에게만 의존해서는 발전하기 어렵다. 전문가를 찾아 조언을 구하는 것을 게을리하지 말아야 한다. 그래야만 잘못된 선택을 최대한 줄일 수 있다.

자신을
낮게 평가하는
진짜 이유

　사람들은 대부분 자신을 낮게 평가한다. 100점 만점에서 자신은 몇 점이라고 생각하는가? 대부분은 실제 자신의 수준보다 낮은 점수를 준다. 무조건 자신을 낮추고 나서지 않는 것이 '겸손'이라고 오해하게 한 사회 관습적인 분위기의 영향인지 모르겠다. 그 때문인지 자신의 실제 점수보다 훨씬 낮은 점수를 스스로에게 주는 사람이 많은 듯하다.

　겸손은 좋은 말이다. 사람은 겸손해야 한다. 하지만 많은 사람이 겸손과 비굴을 혼동하는 것 같다. 누가 봐도 비굴하게 행동하고 남의 눈치를 많이 살피는 사람이 있다. 그런 사람 중에 자신이 겸손하다고 생각하는 사람이 많다. 겸손과 비굴함을 혼동하면 비굴한 행동을 하고서도 겸손하게 행했다고 착각하는 것이다. 남의 행동을 의식하여 남의 비위를 맞추려고 하는 행동은 겸손이 아니라 비굴한 것이다. 그런 비굴한 행동을 지속적으로 반복한 결과, 결국 자신에게 후한 점수를 줄 수 없게 되는 것이다.

도움은
적당히 줘라

우리가 누군가에게 도움을 주었다고 가정해 보자. 성심성의껏 상대를 도와줬다. 상대는 도움을 받을 때는 고맙다고 하지만 금방 잊어버린다. 그러다가 다시 어려워지면 이전에 도움을 받은 경험이 있으므로 '또 도와주지 않을까? 왜 이번에는 안 도와주지?' 하며 도움을 빌는 것을 권리처럼 생각하는 사람도 있다. 심지어 도움을 준 사람과의 관계에서 자신이 좀 손해 보는 일이 생기면 발끈 화를 내는 경우도 있다. 지금의 손해보다 훨씬 큰 도움을 받았는데도 자신이 그동안 도움을 받은 것은 새까맣게 잊어버리는 사람도 의외로 많다.

이처럼 사람은 도움을 받은 것은 쉽게 잊어버리고 손해 본 것은 또렷이 기억하는 경향이 있다. 반대로 도움을 준 경우에도, 자신이 상대에게 도움을 준 것은 또렷이 기억하지만 상대에게 손해를 입힌 것은 그리 대수롭지 않게 여기고 잊어버리곤 한다. 주는 사람은 주는 것만 기억하고, 받은 사람은 받은 것만 기억하기 쉬운 것이다. 그러므로 누군가에 도움을 줄 때는 적당히 줘야 한다. 뭐든지 지나치면 결과가 좋지 않다. 자신의 여유가 되는 선에서 도움을 주고서 잊어버리는 것이 상책이다. 상대에게 아무것도 바라지 않는 마음으로 도움을 줄 수 있어야 한다.

잊지 못하는 사람들
세 부류

사람이 삶을 살면서 좋을 때도 있고 힘들 때도 있다. 좋은 일이 생겨서 기쁠 때 주변에는 다음과 같은 사람들 세 부류가 있을 것이다. 첫째는 그 좋은 일이 생기게 만든 귀중한 사람이고, 둘째는 좋은 일이 생긴 우리를 시기 질투하는 사람이며, 셋째는 시기 질투를 넘어 우리를 공격하는 사람이다. 우리에게 아주 좋은 일이 생기면, 시기 질투하거나 공격하는 사람이 의외로 많은 것을 경험하게 된다. 그런 일은 그래도 우리에게 좋은 일이 생겨서 그런 것이므로 그냥 넘길 만하다. '시기 질투하나 보다. 부러워서 저러나 보다.'라고 생각하면 그만이다. 좋은 일 그 자체로 우리 마음의 곳간은 커져 있으므로 여유롭게 대응할 수 있다.

그런데 우리가 곤궁해지거나 너무나도 힘든 일을 겪게 될 때는 얘기가 다르다. 특히 물질적인 곤궁보다 정신적으로 곤궁한 상황이 되면 더 그렇다. 정신적으로 에너지가 고갈되어 있고 너무나 힘든 상황에서도 잊지 못하는 사람들 세 부류가 있다. 첫째는 그러한 정신적 고갈 상태가 되게 한 사람이고, 둘째는 도움이 절실히 필요한 우리를 떠나거나 방관하는 사람이며, 셋째는 우리 처지를 진심으로 공감하고 위로해 주는 사람이다. 살다 보니 정신적으로 너무나도 곤궁한 상황에서 경험한 이 세 부류의 사람이 잊히지 않는다. 그렇게 힘든 상황을 만든 사람에게 복수를 생각할 필요는 없다. 받은 상처를 그대로 주고 싶은 마음을 가질 필요도 없다. 다른 사람을 힘들게 하는 그런 사람은 언젠가는 벌을 받게 되어 있기 때문에 우리가 벌을 주려고 해서는 안 된다. 최고의 복수는 그런 인간들은 잊어버리고 내가 잘 사는 것이다. 우리가 정신적으로 너무나도 곤궁할 때 진심으로 우리의 입장에서 공감하고 위로해 주는 사람은 잊을 수 없는 고마운 사람이다.

그러므로 다른 사람이 정신적으로 고갈되어 있고 힘들어할 때 우리도 진심으로 그의 아픔을 공감해 주고 위로해 주는 것이 중요하다. 이렇게 해라, 저렇게 해라, 정신 차려라, 힘내라 등등의 훈계는 접어 두고 따뜻한 공감과 위로를 보내 주어야 한다. 진심으로 말이다.

일 년을
편안하게 사는 방법

하루를 편안하게 살려면 아침에 샤워를 하고 일 년을 편안하게 살려면 새해 계획을 잘 세우고, 평생을 편안하게 살려면 거짓말하지 말라는 말이 있다. 일 년을 편안하게 살려면 새해 계획을 잘 세워야 한다. 일 년 계획을 잘 세우는 사람은 5년 계획도 세울 수 있고 10년 계획도 잘 세울 수 있다. 물론 시간이 지나면서 그 계획이 바뀔 수도 있지만 자신의 미래를 계획하고 사는 사람과 아무 계획 없이 사람은 엄청난 차이가 있다.

누군가에게 "당신은 10년 후의 계획이 있습니까?"라고 질문해 보면 10년 계획을 가지고 있다는 사람과 "10년 후? 1년 앞도 모르겠는데 무슨 10년 계획?"이라고 반문하는 사람이 있다. 10년이 지난 후, 이 두 사람의 삶은 엄청난 차이가 난다.

계획을 세우는 것은 습관과 같다. 1년을 잘 계획하는 습관을 들인 사람은 5년, 10년 계획도 세울 수 있지만 아무 계획 없이 막사는 사람은 시간을 그냥 보내게 된다. 자신만의 시간을 보내면서 1년 후, 5년 후, 10년 후 자신이 추구하는 것이 무엇인가를 차근차근 생각하고 계획하는 것이 중요하다. 그렇게 한 해 한 해 계획을 잘 세우다 보면 10년 계획도 가능하게 된다. 1년 계획을 세워 보지 않은 사람에게 10년 계획은 공허한 메아리 같을 것이기 때문이다.

대화를 하면
많은 문제가 해결된다

대화를 하면 많은 문제가 해결된다는 데는 누구도 반론을 펼 수 없다. 인간관계의 문제는 대부분 대화하다 보면 풀린다. 오해가 이해로 바뀌고 문제의 해결점을 찾을 수 있다. 이처럼 대화하면 많은 문제가 풀린다는 사실을 많은 사람이 알지만 중요한 부분을 놓치는 경우가 있다.

대화 시 가장 중요한 것은 먼저 상대방의 말을 잘 듣는 자세이다. 상대가 말을 늘어놓을 때 중간에 말을 끊거나 반론을 제기하지 말아야 한다. 상대방의 입장에서 상대방의 마음이 되어 상대방의 말을 진지하게 듣는 것이 첫 번째로 중요한 부분이다. 그렇게 상대방의 말을 유심히 듣다 보면 상대방의 행동이 이해된다. 이것이 바로 역지사지의 마음이다.

그렇게 상대방의 마음을 충분히 이해했다는 것을 인식시켜 주고 나서 자신의 생각을 차근차근 설명하면 상대도 듣게 된다. 물론 이런 대화가 불가능한 사람도 있다. 우리가 아무리 역지사지로 상대의 마음을 이해하고 그다음에 우리의 얘기를 하려고 해도 듣지 않는 사람이 있다. 그런 사람과는 더 대화할 필요가 없다. 아무리 대화해도 답이 없기 때문이다. 하지만 대부분은 위와 같은 순서로 상대를 먼저 이해하고 우리의 얘기를 하다 보면 많은 문제를 해결할 수 있다.

험담할 시간에
팔 굽혀 펴기나 하라

습관처럼 험담하는 사람이 많다. 험담의 대상에게 그럴 만한 흠이 있다 해도 우리가 험담을 한 번 두 번 하다 보면 자신도 모르게 험담이 버릇이 된다.

험담하면 어떤 일이 생기나? 험담할 때 누군가가 동조해 주면 험담하기에 마땅하다는 생각이 더 강해지고 기분이 좋아질 수 있다. 그런데 사실은 험담할 때 맞장구를 쳐 줬던 사람도 험담하는 사람을 멀리하게 된다. 누군가에게 아무리 흠이 있다 해도 그를 험담하면 험담하는 사람에게 엄청나게 큰 손실이 생긴다. 험담하는 것은 자신을 험담의 대상과 비슷한 격으로 떨어뜨리는 일이기 때문이다. 그러므로 남의 흠이 떠오르면 입으로 내기 전에 생각을 멈추어야 한다. 정말 험담할 만한 사람이라면 굳이 내 입으로 험담하지 않아도 그의 흠이 알려지기 마련이다. 스스로 자신의 격을 떨어뜨릴 필요가 없다.

그래서 험담할 시간이 있으면 팔 굽혀 펴기나 하라는 말이 있지 않은가? 험담할 시간과 에너지를 자신의 건강을 위해서 운동하는 데 쓰든지, 정신 수양을 위해 독서하는 데 쓰든지 하라는 말이다. 남을 험담하는 것은 오히려 자신의 격을 떨어뜨린다는 사실을 명심해야 한다.

시기 질투하는 이는
불쌍한 사람

　자신의 일을 열심히 하고 잘나가는 사람은 남을 시기 질투하지 않는다. 못나고 일을 잘 못하는 사람이 시기 질투를 한다. 자기 자신을 돌보고 자기 가족을 돌보는 데 에너지를 쓰지 않고 남의 발전과 남의 성과를 시기 질투하는 데 에너지를 쏟는 사람이 있다. 그런 사람은 에너지를 낭비하는 불쌍한 사람이다.

　누군가가 시기 질투를 쏟아 낼 때 내가 그 시기 질투를 받지 않으면 그 시기 질투는 돌고 돌아서 쏟아 낸 사람에게로 돌아가게 되어 있다. '오죽하면 남을 시기 질투하는 데 에너지를 쏟을까? 살기가 얼마나 힘들까? 불쌍한 사람이네!'라고 생각하면서 그냥 넘길 필요가 있다. 누군가가 우리를 시기 질투할 때 그에 따라 감정을 상해하거나 부정적인 반응을 보이면 그 시기 질투는 강도가 세지고 공격적으로 바뀌게 된다. 능력도 없고 실력도 없는 부류가 할 수 있는 유일한 짓거리가 시기 질투이다. 우리가 그 시기 질투에 반응을 보이면 상대는 더욱 신나서 공격적으로 바뀐다. 시기 질투하는 사람에게는 "에구구! 사는 게 힘들구나. 고생한다. 애쓴다."라고 썩소를 날리면서 불쌍한 사람을 보듯이 무시하는 게 최상책이다.

말하기
기술

할 말은 하고 사는 것이 중요하다. 할 말을 하면 속이 시원하다. 하지만 하고 싶은 말을 하려고 해도 말문이 막혀서 못 하는 사람이 너무나도 많다. 할 말이 있어도 못 하는 삶을 살다 보면 다른 사람에게 휘둘리게 된다. 또한 그렇게 참고 참다가 갑자기 폭발하면 감정적인 말이 쏟아지면서 소인배와 같은 부류가 돼 버린다.

그러므로 말하기 기술을 터득하는 것이 중요하다. 예를 들어, 회사에서 중요한 결정을 하려고 한다. A와 B 사이에서 결정해야 하는데 아무리 봐도 B가 답인데, 소인배 상사는 A가 맞는다고 우기는 상황이라고 가정해 보자. 부하 직원 3명이 이 상황에서 상사에게 자신의 의견을 말해야 한다. 먼저, 직원 1은 예스맨이다. 상사 앞에서는 "A가 맞습니다. A로 결정하는 게 정확합니다."라고 얘기한다. 그리고 뒤에서는 "B인데…."라고 말하는 겁쟁이 같은 사람이다. 다음으로 직원 2는 B가 맞는다고 자신의 의견을 피력하는데, 말하는 태도가 무례한 스타일이다. "어떻게 A가 맞습니까? 누가 봐도 B인데! A라고 우기는 것은 잘못된 겁니다!"라고 강력하게 말하는 것이다. 마지막으로 직원 3은 상사의 입장을 이해하면서 자신의 의견을 말한다. "A가 맞는다고 생각하시는 데는 이런저런 이유가 있기 때문이겠지요. 하지만 제 생각엔 이런저런 이유로 B로 결정하는 것이 더 좋을 수도 있다고 생각합니다." 이 세 직원 중 누가 봐도 직원 3의 말이 타당하다.

상사가 아무리 소인배라도 상사가 낸 의견에 대해 먼저 곰곰이 생각해 보고 왜 그렇게 하려고 하는지를 알아보아야 한다. 그리고 나서 자신의 생각을 정리하고 마지막으로 자신의 생각을 조리 있게 설명하는 것이 설득

력 있는 말하기 기술이다. 상대가 주장하는 바를 먼저 이해하고 자신의 생각과 비교해 보며 마지막으로 자신의 의견을 소신 있게 말하는 것, 이것이 가장 현명한 말하기 기술이다. 이런 기술은 연습하지 않으면 직원 2처럼 감정적으로 말하게 되어, 오히려 일을 망칠 수 있다. 직원 1과 같은 예스맨은 자기 생각이 없으므로 점점 도태된다. 말하기 기술은 사회생활에서 꼭 필요한 부분이므로 스스로 연습할 필요가 있다.

벌거벗을 용기

《벌거벗을 용기》, 이는 김경록 작가의 책 제목이다. 미래캐피탈의 대표를 지냈던 저자는 어느 겨울날 집 근처에서 벌거벗은 참나무를 보게 된다. 겨울철이라 잎이 다 떨어지고 가지와 몸통만 남은 참나무를 보면서 인생과 같다고 느꼈다. 그리고 인생의 후반전을 시작하는 사람은 어떻게 살아가야 하는가를 진지하게 생각하게 되었다.

나무가 자랄 때는 잎이 무성해지고 꽃도 피운다. 사람도 30~40대에는 잎이 무성하고 화려하게 꽃을 피우며 자랑하지만 인생의 가을이 지나면 꽃은 지고 잎도 떨어진다. 이렇게 벌거벗게 되면 더는 따르는 사람도 없고, 건강은 조금씩 약해진다. 이것이 인생의 후반전이다. 그러므로 인생의 후반전을 미리 잘 준비하는 것이 중요하다.

저자는 인생의 후반전을 위해서는 다섯 가지 준비 작업이 필요하다고 강조한다. 그것은 바로 성찰, 관계, 자산, 직업, 건강이다. 성찰을 통해서 지켜야 할 것과 버릴 것을 정해야 한다. 좋은 인간관계를 유지하려면 남을 배려하고 역지사지의 마음으로 사는 것이 중요하다. 또한 인생의 후반전을 위해 노후 자금을 확보하는 것도 필요하며, 꾸준히 할 수 있는 일을 찾아서 지금부터 시작해야 한다. 마지막으로 건강을 유지하기 위해서도 각별한 노력을 기울여야 한다.

인생의 후반전을 잘 보내기 위해서는 이 다섯 가지의 중요성을 인식하고 미리미리 준비하는 것이 필요하다.

할 말을 하면
대우가 완전히 달라진다

부당한 대우를 받을 때 할 말을 하는 것은 너무나도 중요하다. 할 말을 못 하는 이유는 대개 남의 시선을 두려워하거나 미리 걱정해서인 경우가 많다. 하지만 할 말을 당당하게 하면 참 재밌는 일이 일어난다. 상대의 행동이 바뀌는 깃이다.

그런데 여기서 중요한 것은 상대가 행동을 바꾼 이유이다. 상대가 순식간에 개과천선하는 것은 아니다. 사람의 근본은 쉽게 바뀌지 않는다. 다만, 할 말은 하는 나의 당당함이 상대가 나를 대하는 태도와 행동을 바꾸게 한다는 것이 핵심이다.

이렇게 필요시 자신이 할 말을 당당하게 말할 수 있는 것도 기술이다. 단호하게 당당하게 말하면서도 감정은 넣지 않고 말하는 기술이 필요하다. 그렇게 한 번 두 번 할 말을 하다 보면 상대가 나를 대하는 게 달라지는 것을 느낄 수 있다. "보채는 아이 젖 준다."라는 속담이 있다. 태어난 지 몇 달 안 된 어린아이도 보채거나 우는 것은 나름대로 의사 표현을 하는 것이다. 하물며 성인이라면 옳다/그르다, 좋다/싫다는 자신의 생각과 느낌을 말로 잘 표현할 줄 알아야 한다. 자신이 원하는 것을 누르고 참으며 제대로 표현하지 않고 살다가는 어느 순간에는 자신의 내면의 목소리를 듣지 못하게 될 수도 있다.

부끄러운 줄 모르면
인간다움을 잃는다

맹자는 인간의 본성을 다음 네 가지로 이야기했다.

측은지심, 수오지심, 사양지심, 시비지심.

이 중에서 수오지심은 부끄러워할 줄 아는 마음이다. 사람들 가운데는 인간답게 살려는 사람이 있는가 하면 짐승처럼 살려는 사람도 있다. 인간도 동물의 한 종이지만 인간답게 사는 것이 중요하다. 인간답게 살기 위해서는 맹자가 말한 네 가지의 본성을 지녀야 한다. 그중 수오지심을 지니는 것이 아주 중요하다. 완전한 인격체가 아닌 이상 사람은 살면서 실수할 수도 있고 잘못할 수 있다. 그럴 때 자신을 정당화하려고 하고 합리화하려는 것은 인간답지 못한 행동이다. 자신의 잘못을 인정하고 부끄러워하는 마음을 가지느냐 가지지 않느냐에 따라 사람됨이 달라진다. 짐승처럼 사느냐, 인간답게 사느냐를 가르는 중요한 요인 중의 하나가 바로 수오지심이다. 자신의 잘못을 각성하고 뉘우치며 부끄러워할 줄 알아야 더 나은 인간다운 삶을 살 수 있다. 실수하거나 잘못했을 때 부끄러운 줄 모르면 인간다움을 잃은 것이다. 자신의 잘못을 받아들이고 인정하는 데는 용기가 필요하다. 그럴 때 용기를 내는 것이 진정 인간다운 행동이다.

아는 것과
하는 것

아는 것이 힘인 시대가 있었다. 많은 것을 알면 그만큼 지식이 뛰어나고 많은 것을 누릴 수도 있었다. 하지만 최근에는 인터넷의 보급으로 아는 것이 힘인 시대는 지났다. 매일 손으로 쥐고 있는 휴대폰으로도 많은 정보를 쉽게 얻을 수 있기 때문이다.

그렇다면 이제 무엇이 중요한가? 행동으로 옮기는 실천력이 중요하다. 아는 바를 실천할 수 있는 추진력이 있느냐 없느냐가 현대 시대에 절대적으로 중요한 덕목이 되었다.

아는 바를 바로 행동으로 실천하지 못하고 망설이게 되는 이유는 무엇일까? 대개 미래에 대해 걱정하거나 다른 사람들의 시선을 의식하기 때문이다. 그러나 자신이 옳다고 생각한 바를 실천하는 사람과 실천하지 못하는 사람은 시간이 지날수록 성공 면에서나 업적 면에서 확연한 차이가 난다. '아는 것'은 쉽게 얻을 수 있지만 '하는 것'에는 추진력과 강한 실천력이 필요하다. 현대 사회에서 꼭 필요한 것이 바로 아는 것을 행동으로 나타내는 실천력이다.

터널의 끝

보통 곤궁한 상황을 터널에 비유한다. "터널을 다 지나갈 때까지 힘을 내야 한다. 터널은 끝이 보인다."라고 하는 식으로 말이다. 이처럼 터널은 역경과 어려움을 상징한다. 터널을 무사히 지나가는 사람과 터널을 통과하지 못하고 중도에 포기하는 사람의 차이는 무엇일까? 추진력, 끈기, 의지 등이 있느냐 없느냐, 강하냐 약하냐일 것이다. 이유야 어떻든 포기하는 사람은 포기한 것이고 터널을 끝까지 지나간 사람은 터널을 통과한 것이다. 이 두 사람의 중요한 차이점이 있다. 터널을 다 지나가지 못하고 중도에 포기한 사람은 포기 직전에 이런 말을 한다. "난 최선을 다했어." 그런데 어려움 가운데도 터널을 통과한 사람도 터널을 벗어난 다음에 터널을 되돌아보면서 이렇게 말한다. "난 최선을 다했어."

일을 끝내기 전에 최선을 다했다고 말하는 것은 자신이 포기할 참인데 그 포기를 합리화하는 변명일 뿐이다. 나는 최선을 다했기 때문에 지금 포기해도 괜찮다는 자기 합리화인 것이다. 하지만 터널을 통과한 사람은 터널을 지나는 동안, 그 곤궁하고 어려운 상황에서는 최선을 다했다는 소리를 하지 않는다. 터널을 다 통과하고 터널의 끝에서 뒤돌아보면서 비로소 아꼈던 말을 한다. "저 터널을 지날 때 난 최선을 다했어."

너에게서 나온 것은
너에게로 돌아간다

　험담하거나 상대방의 아픈 부분을 건드려서 상처를 주려는 나쁜 의도를 가지고 행동하는 사람이 있다. 너무나도 나쁜 인간성을 가진 이런 몰지각한 사람에게 상처를 받고 아파하는 사람도 많다. 상처를 주는 사람이 있고, 그 상처를 받는 사람이 있는 것이다. 상처는 공과 같다. 누군가는 던지고, 누군가는 받는다. 상처를 주는 사람만 있는 것이 아니다. 그 상처를 공 받듯이 덥석 받는 사람이 있다. 남이 상처를 주려고 해도 내가 받지 않으면 그 상처는 돌고 돌게 되어 있다. 돌고 돌다가 상처를 준, 다시 말해 공을 던진 사람에게로 돌아가게 되어 있다. 누군가가 툭 던진 말을 우리가 받지 않으면 그 말은 던진 사람에게 돌아간다. 너에게서 나온 것이 내게 필요치 않아서 내가 받지 않으면 그것은 너에게로 다시 돌아간다. 사람들이 쉽게 상처를 받는 이유는 남이 던진 공과 같은 상처를 덥석덥석 받기 때문이다. 우리가 받지 않으면 그 상처는 그 사람에게로 다시 돌아간다. 쉽게 상처를 받고 아파하는 사람들의 특징은 바로 너무 쉽게 남의 행동이나 말에 휘둘린다는 것이다. 그럴 때마다 생각하고 명심해야 한다. 내가 받지 않으면, 너에게서 나온 것은 너에게로 돌아간다.

포기할까
말까

어려운 일이 닥쳐오면 사방이 막힌 듯한 느낌이 든다. 사방이 막힌 듯하고 사방이 자신을 조여 오면 숨이 막힐 듯한 답답함과 포기하고 싶은 생각이 들기 마련이다. 그럴 때일수록 자신의 마음을 잘 정리하는 것이 중요하다. '이것은 내가 꼭 넘어야 할 산인가? 아니면 넘지 않아도 되는 산인가?' 하고 생각해 보아야 한다. 인생을 살면서 꼭 넘어야 할 산이 있는가 하면 넘지 않아도 되는 산이 있다. 꼭 넘어야 하는 산은 포기하면 안 된다. 한두 번 포기하면 나중에는 너무 쉽게 포기하는 버릇이 생기기 때문이다.

성공한 사람들도 처음부터 주야장천 성공한 것은 아니다. 어려운 일이나 곤궁한 상태에서도 그것을 버텨 내고 이겨 냈기 때문에 성공이라는 단 열매를 딸 수 있었다. 누구나 어려운 일이 많이 생기면 포기하고 싶다. 포기해도 되는 이유를 수없이 떠올리며 자신이 포기해도 누가 뭐라 하지 않을 것이라고 생각하고 말하면서 자신의 포기를 정당화한다.

그러나 꼭 넘어야 하는 산이라면 포기해서는 안 된다. 굴욕을 참는 한이 있더라도 버티고 또 버텨야 한다. 그런 버티는 과정에서 실마리를 찾을 수 있고 해결점을 조금씩 조금씩 얻게 된다. 결국 문제를 해결했을 때는 성장한 자신의 모습을 발견하게 된다.

남은 우리에게
그다지 관심이 없다

남을 의식하지 않고 살긴 힘들다. 하지만 남을 너무 의식하면서 사는 삶은 아주 피곤하다. 자신의 행동이나 말 등이 다른 사람에게는 어떻게 비칠까 노심초사하는 사람이 많다. 그러다 보면 행동이 소심해지고 남의 눈치를 많이 보게 된다. 그런데 사실 우리가 생각하는 것보다 남은 우리에게 그다지 관심이 없다. 다들 자기 생활을 하기에 바쁘기 때문이다.

필요 이상으로 남을 의식하고 남이 우리를 어떤 시선으로 바라보고 어떻게 대할지 걱정하는 사람들은 남은 우리에게 그다지 관심이 없다는 사실을 받아들일 필요가 있다. 그러면 행동하거나 말하는 데 훨씬 자유로워질 수 있다. 다른 사람에게 휘둘리거나 눈치 보는 것도 줄게 된다. 사회생활을 하면서 남을 의식하지 않을 수는 없지만, 필요 이상으로 남을 의식한다면 생각의 전환이 필요하다. 우리가 예상하는 만큼 남은 우리를 생각하지도 않고 그다지 관심을 가지지 않는다는 사실을 알아야 한다.

한계치

남이 우리에게 상처를 줄 때 그 상처를 받지 않으면 우리는 상처를 받지 않는다. 말장난 같은 말이지만, 축구공을 생각해 보면 이해가 쉽다. 누군가가 축구공을 우리에게 넘겼을 때 그것을 받느냐 받지 않느냐는 우리의 선택에 달려 있다. 누군가가 우리에게 상처를 던졌을 때 그것을 우리가 받지 않으면 우리는 상처를 받지 않게 된다. 그런데 때론 우리에게 상처 주는 사람에게 당당하고 단호하게 말하고 맞서야 한다. 아, 정말 어떻게 하란 말인가? 언제는 상처를 축구공같이 안 받으면 되고, 언제는 상처 준 사람에게 당당하고 단호하게 맞서라는 말인가? 헷갈릴 수 있다.

남이 우리에게 상처를 주는 경우는 크게 두 가지이다. 악의적인 의도로 우리에게 상처를 주려는 경우가 있고, 센스가 없거나 눈치가 없고 뭘 몰라서 우리에게 상처를 주는 경우가 있다. 물론 후자의 경우에도 우리는 상처를 받을 수 있다. 하지만 악의적으로 상처를 주려는 의도가 아니고 단지 센스가 없어서 그런 경우에는 우리가 상처를 받을 필요가 없다. 많은 사람이 이런 경우에도 상처를 받아 괴로워하고 상대를 적대시한다. 이런 경우에는 축구공을 안 받는 마음으로 그냥 넘겨야 한다. 하지만 악의적인 의도로 우리에게 상처를 주는 경우에는 그냥 넘겨선 안 된다. 단호하고 당당하게 또박또박 맞서야 한다. 만약에 그것만으로 충분하지 않다면 녹음을 하든 기록을 남겨서 적절한 대가를 받아 내는 행동으로 옮겨야 한다. 악의적으로 상처를 주려고 하는 행동을 축구공을 안 받듯이 그냥 지나쳐서는 안 된다.

이 부분에서 한계치라는 것이 생긴다. 한계치를 넘었을 때는 단호해야 하지만 그 한계치가 넘지 않는 경우에는 그냥 넘겨 버리면 상처를 받지 않는다. 누군가가 우리에게 상처를 준다고 느껴질 때 그 상처가 악의적인 의도에서 비롯됐는가 아닌가, 즉 한계치를 넘는가 안 넘는가를 보고 대처할 필요가 있다.

아, 그때
알아봤어야 하는데

> O 씨는 회사에서 너무 힘든 시간을 보내고 있다. 부하 직원을 직접 뽑았는데 그 직원이 처음에는 싹싹하게 일도 잘하고 과하다 싶을 정도로 O 씨에게 잘해 주었다. 그래서 그를 더 챙기고 위해 주었다. 그런데 그는 다른 동료들과 사이가 멀어졌고 O 씨에게도 한두 번 큰소리를 쳤다. 힘이 생기고 세력이 쌓이자 급기야 O 씨를 집중 공격하기에 이르렀다. O 씨는 심한 정신적 상처를 받고 힘들어하고 있다.

만난 지 얼마 안 된 상황에서 우리에게 너무 잘해 주고 간도 쓸개도 빼 줄 듯이 행동하는 사람은 항상 조심해야 한다. 그런 사람의 과도한 친절은 음흉한 자신을 숨기려는 의도에서 비롯된 경우가 많다. 초반에 우리에게 너무 친절하고 아부하는 사람은 조심하는 게 좋다. 하지만 사람인지라 우리에게 잘해 주고 사근사근하면 신경을 더 쓰게 되고 더 챙겨 주려는 마음이 생기게 마련이다. 그런데 소인배 근성은 아무리 숨기려 해도 한두 번은 드러나게 되어 있다. 스스로 아무리 조심해도 소인배 근성은 나타나게 된다. 그렇게 나타났을 때 무시하고 그냥 넘기면 안 된다. 그런 경우 대부분이 '잠깐 실수한 거겠지.'라고 생각하며 대수롭지 않게 여긴다. 이렇게 신호를 무시하면 나중에는 감당하기 힘든 상황을 맞게 된다. 그는 거북스러운 가면을 벗어 던지고 속내를 드러내면서 썩은 고기를 찾는 하이에나처럼 집중적으로 공격해 온다. 이런 공격을 받으면 정신적으로 버티기 힘들다. 나에게 잘해 주고 갖은 애교를 부리다가 갑자기 맹수로 변하여 공격하면 정신적으로 붕괴될 수 있다. 그런 상황에 처한 사람이 주로 하는 말이 있다. "아, 그때 알아봤어야 했는데….""아, 그때 눈치챘어야 하는데…."
그래서 사람은 처음엔 일정 거리를 두고 지내야 한다. 나에게 잘해 준다고
속내를 너무 많이 보여 주면 이런 안타까운 일을 당하는 경우가 많기 때문
이다.

약자를 대할 때
본성이 보인다

강한 사람에게 비굴하게 굴면서 자신보다 약한 사람에게는 함부로 소리를 지르고 자기 마음대로 행동하는 사람이 있다. 기본 성향이 아주 나쁜 사람이다. 상대가 강하면 머리를 조아리면서 간이고 쓸개이고 다 빼 줄 듯이 행동하면서 약한 사람에게는 상처 주는 말이나 폭언을 아무렇지도 않게 하는 사람이다. 이런 사람의 주변에는 사람이 없다. 이런 성향을 지닌 사람에게서는 누구나 마음이 떠나게 마련이다.

한편 자신은 강자에게 강하고 약자에게 약하다고 말하는 사람도 많다. 자신은 강한 사람에게 비굴하게 굴지 않고 약한 사람에겐 좋게 대한다는 뜻이다. 하지만 이것도 그리 좋은 태도는 아니라고 봐야 한다. 상대가 강하든지 약하든지 그것은 중요하지 않다. 상대가 어떠냐에 따라 나의 행동이 달라진다면, 그것은 상대에게 휘둘리는 것이다. 상대가 강자이든 약자이든 혹은 강자인 척하는 약자이든, 약자인 척하는 강자이든 그것은 상대의 사정이다. 상대가 어떤 행동을 하든 어떤 가면을 쓰든 우리는 자신의 가치관에 따른 기준을 설정하고 그 기준에 맞게 행동하고 말하면 된다. 우리의 가치관으로 볼 때 상대에게 문제가 있다면 단호하고 당당하게 말해야 한다. 상대가 강자냐 약자냐가 문제가 아니라 우리의 가치관에 따른 기준을 잘 설정하는 것이 우선이다. 영원한 약자도 없고 영원한 강자도 없다. 우리의 행동이 상대가 어떠냐에 따라 달라질 것이 아니라 상대와는 별개로 우리 나름의 가치관에 따른 기준을 세우는 것이 중요하다. 강자에게 강하고 약자에게 약한 것이 꼭 좋지만은 않다. 나의 기준에 따라 상대가 힘들어하면 위로하고 배려하며, 상대가 부당하게 행동하면 단호하고 당당하게 행동하는 것이 중요하다.

보여 주기식 삶

너무나도 많은 사람이 보여 주기식 삶을 산다. 보여 주기식 삶을 살다 보면 남의 행동, 말투, 태도, 눈빛에 휘둘리게 된다. 보여 주기식 삶을 오랫동안 살다 보면 자신의 모습은 온데간데없이 남들로 자신의 마음이 가득 차게 된다. 자신의 행동 대부분이 남에게 집중되어 있는 상태이다. 그런 식으로 시간을 보내다 보면 허탈만 남을 것이다. 남에게 집중하여 시간과 에너지를 쓰다 보면 자신은 결국 허탈해진다.

그렇다면 왜 보여 주기식의 삶을 사는 것일까? 왜 그렇게 행동하고 생활할까? 오래된 버릇이다. 습관 같은 버릇. 물론 초등학교 때부터 남과 자신을 비교하면서 살아온 사람일수록 더 남에게 보여 주기식 삶을 사는 경향을 보일 것이다. 자기 인생의 주인공은 자신이다. 남이 아닌 자신이다. 이 부분은 모두 인정하지만 정작 삶의 행동은 남에게 보여 주기식으로 산다. 그런 사람들의 공통적인 특징은 자신에 대한 애착, 사랑, 존중이 약한 사람이고, 자존감이 많이 낮다. 보여 주기식 삶은 모래성을 쌓는 것과 같다. 시간이 지나면 사소한 것에 무너져 버린다. 강한 허탈감과 공허함을 느끼게 되는 잘못된 삶의 태도이다.

인생에서 잊지 못하는
사람의 세 유형

사회생활을 하면서 잊지 못하는 사람의 유형 세 가지가 있다. 물론 상황에 따라 다르겠지만 특히 어려움에 처했을 때와 곤궁할 때에 잊지 못하는 사람이 생긴다. 첫째는 어려울 때 진심으로 우리를 위해 준 사람이고, 둘째는 어려울 때 우리를 그냥 방치한 사람이며, 셋째는 어려울 때 우리를 더 어렵게 만든 사람이다.

누구나 힘들고 어려울 때는 도움을 청하게 된다. 가족이나 친구 등에게 도움을 청할 수 있다. 그 어려운 상황에서 진심으로 우리 입장을 이해하고 위로해 주는 사람이 있다. 얼마나 고마운 존재인가? 그런 사람은 평생 잊을 수 없는 고마운 사람이다. 우리가 어려울 때 필요한 것은 우리를 이해하고 따뜻하게 위로해 주는 사람이다. 그런 따뜻한 위로가 어려움을 극복할 수 있게 하는 큰 원동력이 된다.

다음으로, 우리가 어려운 상황을 하소연하며 도움을 청할 때 우리를 그냥 방치하는 사람이 있다. 귀찮아서 그럴 수도 있다. 하지만 그렇게 방치하는 근본 이유는 어려운 상황에 처한 사람의 상황을 이해하거나 위로해 주고 싶은 생각 자체가 없기 때문이다. 누군가가 어려운 상황인데도 그냥 방치한다는 것은 그에게 별 관심이 없고 앞으로도 관계없이 살고 싶다는 뜻과 같다. 가족이나 친구가 그렇게 대한다면 그는 남보다 못한 사람이라는 것을 알 수 있다. 살면서 잊히지 않는 유형이기도 하다.

마지막으로 어려움에 처한 우리를 더 어렵게 하는 사람이다. 곤궁한 상태에서 하소연을 하며 위로받고 싶어 하는 사람에게 따뜻한 이해와 위로 대신 지적질과 훈계를 하는 사람이 이 경우에 해당한다. 어려움에 처한 사람에게 네가 어리석기 때문에 그런 어려움을 자초한 것이라며 질책하고 훈계하는 사람이 있다. 도와주지는 못할망정 더 어렵고 힘들게 만드는 유형이다. 그런 사람은 상대를 도와주려는 마음으로, 잘 극복하라는 마음으로 상대를 몰아붙인 것이지 악의로 구석으로 몬 것이 아니라고 말한다. 사실일 수 있다. 미숙하거나 잘 이해를 못 해서 그렇게 행동했지만 정작 도와주고 싶은 마음이 많았을 수도 있다. 하지만 어려움에 처해 있고 정신적으로 고단한 사람에게는 훈계나 지적보다 따뜻한 이해와 위로가 필요하다.

사람은 어려웠을 때 남들이 자신에게 한 행동을 오랫동안 기억하게 되어 있다. 그러므로 누군가가 우리에게 어려움을 호소한다면 진심으로 그 상황을 이해하고 위로해 주는 것이 가장 큰 도움이 된다는 것을 알아야 한다.

행복을 가로막는
가장 큰 장애물

　모든 사람은 행복을 추구한다. 행복해지길 바라고 행복해지는 것이 가장 큰 복이라고 생각한다. 자식을 위한 기도에도 자식이 행복하게 지내게 해 달라는 기도가 가장 많을 것이다. 이렇게 모든 사람이 행복을 추구하는데 왜 행복한 사람은 그리 많지 않을까? 100명을 무작위로 뽑아서 행복지수를 측정한다면 1등에서 100등까지 나올 것이다. 그 순서는 재력순도, 명예순도, 권력순도 아니다. 재력, 권력, 명예는 모두 삶에서 중요하지만 행복순과 꼭 맞아떨어지는 것은 아니다. 그렇다면 재력과 권력과 명예를 갖지 못하고도 행복 지수가 높은 경우와 많은 것을 가지고 누리면서도 행복 지수가 낮은 경우는 왜 생기는 것일까?

　행복을 가로막는 가장 큰 장애물을 아는 것이 중요하다. 행복으로 가는 길에 장애물이 되는 이 요소를 많이 가질수록 행복과는 멀어지고, 이 요소가 적을수록 행복 지수가 높아진다. 그것은 바로 욕심이다. 1억 원을 모으면 10억 원을 모으고 싶고, 10억 원을 모으면 100억 원을 모으고 싶다. 욕심을 버리지 못하면 욕심에 끌려다니기만 하다가 정작 행복하지 못한 삶을 살게 된다. 명예나 권력도 마찬가지이다. 자신의 상황을 감사하게 생각하고, 늘 주변에 감사하며, 자신의 일에 최선을 다하고 성실하게 임할 때에 행복 지수가 높이 올라간다. 욕심은 자신에게만 가져야 한다. 자존감을 더 높이려는 욕심, 독서나 명상이나 운동을 통해 자신을 더욱 수준 높은 인간으로 만들려는 욕심은 생산적인 욕심이고 권장할 만한 욕심이다. 재력, 권력, 명예를 얻고자 끝없이 욕심을 부리면 평생 행복한 삶을 살지 못하게 된다. 나중엔 허탈한 자신의 모습, 즉 나이 들고 불행하고 고생만 한 자신의 모습을 보게 되는 안타까운 일이 생길 수 있다. 행복을 가로막는 가장 큰 장애물만 제거해도 행복으로 가는 지름길을 걸을 수 있다. 그 장애물은 바로 욕심이다.

몰락하는 말투 대
발전적인 말투

사람의 운명은 자신이 평소에 하는 말에 따라 결정된다. 실패를 거듭하는 사람은 몰락하는 말투가 몸에 배어 있다. 인간관계에서 항상 문제가 생기는 사람은 그렇게 문제를 야기하는 말투가 몸에 배어 있다. 반대로 성공을 거듭하는 사람은 발전적인 말투가 배어 있다.

본인은 몰락하는 말투와 발전적인 말투 중에서 어떤 말투를 쓰는지를 생각해 볼 필요가 있다. 오랫동안 자신의 말투가 어떤지 모르고 사용하다 보니 고착된 말투를 아무렇지도 않게 사용하는 경우가 많다.

한 가지 좋은 예를 들어 보자. 오랫동안 〈전국노래자랑〉의 사회자로 큰 사랑을 받으신 고 송해 선생님의 말투를 유심히 들어 본 적이 있다. 노래를 잘하지 못한 참가자에게는 어떤 식으로 말씀하시는지 궁금했다. 그런 상황에서는 과연 어떻게 대처하실지 알고 싶었다. 바로 다음과 같이 세 가지로 정리할 수 있었다. 이것은 필자의 개인적 생각이다.

첫째, "잘 했어요. 잘 들었습니다."

둘째, "이 부분을 좀 더 발전시키면 좋겠네요."

셋째, "그러면 훌륭한 가수가 될 거예요."

어떻게 보면 지극히 일반적인 말이 아닌가 생각할 수 있지만, 처음은 항상 긍정적으로 시작하는 것을 볼 수 있다. 아무리 어려운 상황이라도 긍정적으로 생각하는 버릇을 길러야 한다. 어려운 상황에서 부정적인 생각을 하기 시작하면 그 어려운 상황을 극복할 수가 없다. 그러므로 긍정적인 마인드를 갖는 것이 첫째이고, 다음으로 상황을 잘 분석하고 이해해야 한다. 어떻게 하면 어려운 상황을 벗어나고 오히려 발전적으로 바꿀 수 있을까를 곰곰이 분석하여 해결점을 찾고 행동해야 하는 것이다. 그리고 '이 어려움을 극복하면 분명히 좋은 결과가 기다릴 거야.'라는 마음으로 자신의 희망에 대한 믿음을 갖는 것이 중요하다. 이런 행동은 당사자의 말투에서도 배어 나온다.

어떤 상황에 처했을 때 본인의 말투가 어떤지 스스로 유심히 귀 기울여 볼 필요가 있다. 만약에 본인의 말투가 부정적인 말투라면 의식적으로 노력해서 바꾸어야 한다. 시작은 긍정적인 말투로 하고, 다음으로 위기와 어려움을 분석하고 이해하며, 바꾸려는 말투와 미래에 큰 희망이 있음을 믿는 말투가 습관이 된 사람은 성공적이고 발전적인 삶을 위한 중요한 초석을 마련한 것과 같다.

침묵은
비겁함이다

"침묵은 금이다."라는 말을 많이 들었을 것이다. 그러니 "침묵은 비겁함이다."라는 말은 이상하게 들릴 것이다. 어떤 사람이 뒤에서 자신을 험담한다는 걸 알았을 때 그 사람에게 아무 말도 하지 않는 것은 비겁한 행동이다. 폭언을 하고 말도 안 되는 갑질을 하는 직장 상사 혹은 동료에게 아무 말도 못 하는 것은 비겁한 모습이다. 참는 것이 금이라고 생각하고 스스로 침묵하는 사람이 많다. 침묵은 금이라는 말은 '말하는 것'보다 '듣는 것'을 중요시하라는 뜻이다. 보통은 말을 너무 많이 해서 실수하는 경우가 많고, 듣는 것을 경시하고 말만 하다 보니 단점이 쉽게 드러나게 된다. 말의 중요성은 아무리 강조해도 지나치지 않는다. 그러므로 "침묵은 금이다."라는 말은 한마디라도 말을 내뱉기 전에는 많이 생각해 보라는 뜻인 것이다.

그런데 이 좋은 침묵은 금이라는 말을 비도덕적이고 소인배 기질의 행동을 함부로 하는 사람에게 적용해서는 안 된다. 침묵은 금이라고 스스로 자위하면서 침묵을 지키는 것은 비겁한 행동의 대표적인 사례라고 할 수 있다. 상식적인 선에서 벗어나게 행동하는 사람에게 침묵하면 그 사람의 어긋난 행동이 점점 커질 뿐이다. 내가 침묵하면 상대의 그런 잘못된 행동에 동조하는 격이 된다. 남에게 상처를 주고 아픔을 주며 폭언하는 사람들 대부분은 상대가 아무런 반응을 보이지 않을 때 더 공격적이고 더 깊은 상처를 준다. 청소년들 사이에서 친구를 따돌리는 것과 같은 문제가 생겼을 때도 그것을 참고 또 참으면서 화병을 초래하는 것은 잘못된 일이다. 침묵하지 말고 단호하게 자신의 목소리를 낼 때 상대도 움찔하며 폭언이나 잘못된 행동을 멈추게 된다. "침묵은 금이다." 이 좋은 말을 함부로 적용해서는 안 된다.

은퇴 후에
절대 하지 말아야 하는 3가지

나이가 들어 은퇴하게 되면 제2의 인생을 시작한다. 그 단계에서 꼭 지켜야 할 3가지가 있다.

첫째, 자식에게 올인하지 말 것.

둘째, 어설프게 창업하지 말 것.

셋째, 이젠 좀 쉬자는 마음을 가지지 말 것.

은퇴한 뒤에 자식이 자금이 필요하다며 도와달라고 할 수 있다. 그때 조금씩 도와주다가 결국엔 저축한 돈과 부동산까지 자식에게 올인하는 사람이 있다. 이는 100세 시대에서 하지 말아야 할 일이다. 물론 자식은 귀하고 소중하지만 은퇴한 후에 자식에게 올인했다가 만에 하나 잘못되었을 때는 상상을 초월하는 고통과 아픔을 당할 수 있다. 그때 밀려오는 배신감과 허탈감 그리고 공포감으로 힘들게 사는 분이 많다. 자본주의 사회에서 돈은 상당히 중요하다. 돈이 전부는 아니지만 사회생활을 영위하는 데 절대적으로 중요한 것이기 때문에 자식에게 올인해서는 안 된다. 여생을 돈 때문에 괴로워하고 힘들어하면서 보내지 않기 위해선 자식에게 올인하지 않는 것이 중요하다. 성공할 가능성이 큰 자식은 부모가 올인해야 할 정도로 무리한 도움을 요구하지도 않는다.

둘째, 어설프게 창업했다가 노후에 빈민층으로 떨어진 사람도 많다. 창업은 그 분야에서 오랜 경험이 있고 엄청난 노하우가 쌓여 있어도 성공을 장담할 수가 없다. 그런데 준비도 되어 있지 않고 경험도 없으면서 남의 얘기를 듣고 어설프게 창업했다가 한순간에 자신의 노후 자금을 다 잃고 괴로워하는 분이 많다. 창업은 그 분야에서 오랜 경험과 기술이 있어야 성공할 수 있으므로 은퇴 후의 어설픈 창업은 삼가야 한다.

셋째, 은퇴한 후에 '아, 이제 좀 쉬자.'라는 생각은 접어야 한다. 우리는 은퇴 후에 상당히 긴 시간을 보내야 한다. 자신의 취미를 찾고 배워 보며, 재능을 기부하는 등 자신의 몸을 끊임없이 움직이면서 사회적 유대 관계를 유지하는 활동을 해야 한다. 그런 활동은 은퇴 전부터 조금씩 준비하는 것이 중요하다. 그런 준비를 한 사람과 아무런 준비 없이 은퇴하고 이젠 좀 쉬자고 생각하는 사람은 이후의 삶에 엄청난 차이가 나기 때문이다.

인간은 본래
선한가?

맹자는 성선설, 곧 모든 인간의 심성은 선하다고 주장했다. 한편 순자는 성악설, 곧 모든 인간은 교육을 통해서 선을 생각하고 선을 행동한다고 주장했다. 이 두 대가의 주장 중에서 어느 것이 맞고 어느 것이 틀리다고 하기 어렵다. 사람마다 자신이 생각한 방향은 있을 것이다.

인간은 사회적 동물이다. 동물적 기질을 가지고 있다. 질서, 평등, 상생 등과 같이 서로가 잘 살 수 있는 시스템을 구축한 적이 한 번이라도 있었던가? 구석기 시대에도 족장이 있어서 다수를 지배했고, 사회주의나 자본주의 사회도 지배층과 피지배층으로 나뉜다. 모든 사람이 평등하게 질서를 지키고 상생하는 것은 불가능에 가깝다. 그렇기 때문에 법규, 규범, 교육이 생기게 되고, 예, 의, 도를 가르치는 학문이 수천 년에 걸쳐 내려오는 것이다.

인간 자체는 동물적 기질을 가지고 있기 때문에 공포나 이권이 개입되면 쉽게 흔들릴 수밖에 없다. 인간은 교육과 법규, 규범을 통해서 선을 생각하게 되고 선행을 하는 등 선은 후천적으로 발달되는 것이라고 생각한다.

여기서 중요한 차이는, 동물로 계속 살고자 하는 사람인가, 법규, 규범, 도덕, 예의 등과 같은 것을 통해서 인간답게 살려고 노력하는 사람인가 하는 것이다. 전자는 하이에나 떼처럼 이권에 발끈하고 평생 자신의 이익만 추구하는 삶을 살 것이다. 후자는 자신의 부족한 부분을 가꾸고, 자신을 성장시키면서 남을 배려하며 인간답게 살려고 노력하는 사람일 것이다.

불인비인(不忍非人)
비인불인(非人不忍)

이는 《명심보감》 〈계성편〉에 나오는 금언이다. "참지 못하면 사람이 아니고, 사람이 아니면 참지 못한다." 즉, 사람은 참을 줄 안다는 것이다. 인간은 사회적 동물이다. 동물적인 본능에 따라 쉽게 행동하는 사람이 있는가 하면 인간답게 살기 위해 노력하는 사람도 있다. 자신의 이권만 추구하고 남에게 상처가 되는 행동을 너무나도 쉽게 하는 사람은 인간답게 살기를 거부하고 동물적 기질대로 사는 사람일 것이다. 동물적 기질을 지닌 사람은 참지 못한다. 자신의 생각과 무언가 다르거나 조금만 잘못되어도 바로 화를 낸다. 참을성이 없다. 그런 사람들은 쉽게 화를 내고 남에게 상처를 주며 아픔을 주는 행동을 서슴지 않고 한다.

여기서 중요한 것은 어떤 것에 참느냐이다. 폭언을 하고 상처를 주는 등 갑질을 하는 상사나 동료, 남편, 아내 혹은 부모에게 아무런 의견도 내지 못하고 참는 것은 어리석은 짓이다. 어떤 사람이든 우리에게 부당하게 감정의 쓰레기를 쏟아 내거나 상처를 주면 참아서는 안 된다. 참지 말고 얘기해야 한다. 이런저런 행동은 부당하다고, 이런 행동은 안 해 줬으면 좋겠다고. 자신의 생각을 참고 속으로 삭이려 하면 화병이 되고 나중에 더 큰 문제가 발생한다. 이렇게 많은 사람이 참지 말아야 할 상황에서도 '불인비인 비인불인'을 생각하면서 참으려고 하고, 참는 게 이기는 거라고 잘못 생각한다.

'불인비인 비인불인'은 자신이 어떤 일을 추구하고 있을 때 의외의 결과가 생기거나 과정이 순탄치 않을 때는 참으면서 해결 방안을 찾으라는 의미이다. 쉽게 화내고 쉽게 포기하지 말고 참으면서 보다 나은 상황으로 끌고 가라는 뜻이다.

　같은 참음이지만 큰 차이가 있다. 자신이 하는 일이 곤궁한 상황이고 어려운 상황이 일어났을 때 참을 줄 알고 버티는 사람은 현명한 사람이지만, 부당하게 행동하는 남의 행동에 참는 것은 현명하지 못한 사람이다.

남의 말에
신경이 거슬리나요?

> T 군은 아주 성실한 사람이다. 자신의 일에 최선을 다하고 조직을 더 발전적으로 변화시키기 위해서 많이 노력하고 행동으로 옮기는 좋은 심성을 가졌다. 그런데 자신이 하는 행동이나 일에 대해 남이 하는 말에 너무 심하게 신경을 쓰곤 한다. 남의 말에 신경 쓰지 말라고 해도 남의 말에 신경을 쓴다. 남의 말 한마디에 당황하고 행동을 머뭇거리는 경향을 보인다.

자신의 행동에 대해 남이 하는 말에 신경을 많이 쓰는 사람들이 있다. '왜 저런 말을 나에게 할까? 내가 뭐 잘못했나? 뭐가 기분이 상했을까?' 등등. 물론 남의 말을 완전히 무시하는 것도 문제지만 신경 쓸 필요가 없는 것까지 신경 쓰는 것은 시간 낭비이다.

그렇다면 어떤 때에 남의 말을 무시해도 될까? 우리는 자신의 행동에 대한 남의 말을 생각하는데, 그때 남의 말에 초점을 맞추지 말고 자신의 행동에 초점을 맞추어야 한다. 자신의 행동이 다음 세 가지 요건에 부합하는가, 하지 않는가만 생각하면 된다.

첫째로 불법적이지 않고, 둘째로 비도덕적이지 않으며, 셋째로 남에게 상처나 아픔을 주는 행동이 아니면 된다. 만약에 이 세 가지 요건을 다 갖춘다면 남의 말에 신경 쓸 필요가 없다. 거의 대부분은 시기 질투에 기인한 비꼬는 말이기 때문이다. 의외로 많은 사람이 자신의 행동이 정당함에도 불구하고 남의 말에 휘둘리고 신경 쓰며 에너지를 낭비한다. 자신의 행동이 불법적이지 않고 비도덕적이지 않으며 남에게 상처나 아픔을 주는 것이 아니라면 떳떳이 행동하고 남의 말에 신경 쓸 필요가 없다.

상처는 큰 발전의
필수 요건

가장인 H 씨는 자신의 삶은 상처투성이뿐이라고 말한다. 간혹 즐거울 때도 있었지만 상처만 남아서 자신을 괴롭힌다고 생각한다. 그 상처들은 H 씨에게 도움이 되었을까? 아니면 아픔만으로 남아 있을까?

누구나 상처를 받는 것을 싫어한다. 상처를 주기도 상처를 받기도 싫어한다. 상처를 상처 그대로 남겨 두느냐, 성공과 발전의 디딤돌로 삼느냐, 상처를 어떻게 받아들이느냐는 중요한 문제이다.

진주를 품은 조개는 따로 있다. 진주조개가 특별한 조개는 아니다. 조개에 이물질이 들어왔을 때, 조개는 그 이물질을 뱉어 낼 수 없다. 그 이물질은 소화 기관에 상처를 준다. 조개는 고통을 주는 그 이물질을 없애기 위해서 할 수 있는 모든 일을 한다. 소화 분비물, 소화 효소 등을 생산하면서 그 이물질을 분해하려고 노력한다. 분해되지 않으면 상처가 계속 남아 있고, 소화 분비물이 이물질을 감싸면서 시간이 지나고 지나면 진주가 만들어지는 것이다. 상처를 받은 조개만이 진주를 만들 수 있다. 상처가 생겼다고 모든 조개가 진주를 만드는 것은 아니다. 그 상처를 이겨 내지 못하고 죽는 조개도 많기 때문이다. 그것을 이겨 내고 버텨 낸 조개만이 진주를 품은 조개가 된다.

인간의 삶도 비슷하다. 상처를 받는 어려운 일에 맞닥뜨렸을 때 그것을 극복하지 못하면 몰락하지만 버티고 이겨 내면 진주와 같은 값진 경험을 얻게 된다. 성공한 사람 대부분은 실패와 상처의 기억이 있다. 그런 실패와 상처의 기억이 시간이 지나면서 성공과 발전에 큰 디딤돌이 되었다고 자신 있게 말할 것이다. 상처를 상처로 받아들여 몰락하지 말고, 상처를 발전과 성공의 디딤돌이라고 생각하면서 버티고 이겨 내는 것이 삶의 지혜이다.

인생을 바꾸려면
작은 것부터

인생을 바꾸려면 작은 것부터 바꿔야 한다. 자신의 인생을 바꾼다는 것은 쉬운 일이 아니다. 하지만 자신의 잘못된 부분을 수정하고 보완하는 것이 결국 그 사람의 인생을 바꾸고 발전적인 자신으로 변하게 한다. 그렇다면 어떤 행동이 자신을 바꿀 수 있을까? 거창하게 생각할 필요가 없다.

쓸데없는 말을 줄이고, 긍정적인 말을 하며, 뒤에서 험담하지 않고, 공손한 말투로 바꾸는 것이다. 외출할 때는 머리 모양과 옷차림을 깔끔하고 단정하게 한다. 문제가 많은 사람과는 어울리지 않고, 식사할 때는 허겁지겁 먹지 않고 천천히 먹는다. 얻어먹으려고만 하지 말고, 베풀면서 살다 보면 인생이 조금씩 바뀐다. 인생 역전처럼 단번에 자신의 인생을 바꾸는 것은 쉽지 않다. 그래서 많은 사람이 자신의 인생을 바꾸려고 노력하지만 이는 쉽지 않아서 지레 포기한다. "나는 본래 이러니까. 나는 이 정도니까." 이런 말을 하면서 변화하려고 하지 않는 것이다.

앞서 언급한 아주 사소한 것부터 바꾸어야 한다. 그런 사소한 것부터 바꾸면 태도가 바뀌고, 행동이 바뀌며, 말투가 바뀐다. 하루아침에 바뀌지는 않지만 부단히 노력하여 사소한 행동 습관이 바뀌면 결국 자신의 인생을 바꿀 수 있다. 인생을 바꾼다는 말은 너무나도 거창하게 느껴지고 쉽지 않을 것 같지만, 사소한 것부터 하나씩 바꾸면 어느 순간 자신의 인생이 다른 길로 가고 있음을 느낄 수 있다. '인생을 바꾸려면 작은 것부터'라는 마음으로 행동하고 생각하는 것이 필요하다.

좋고 믿을 만한 사람

　살다 보면 "저 사람은 참 좋고 믿을 만해. 저 사람은 좋지 않고 믿을 만한 사람이 못 돼."라며 평가하게 된다. 좋을 때는 잘 모르지만 어려운 일이 생겼을 때나 이권이 개입되었을 때, 시간이 지나면 그 사람을 평가하게 된다. 많은 경험이 쌓이면서 그 사람에 대한 생각이 정립되는 과정이라고 볼 수 있다. 한 사람의 말투, 행동, 태도 등을 보면서 그 사람이 좋고 믿을 만한 사람인지, 그 사람이 좋지 않고 믿을 만한 사람이 아닌지를 평가하게 된다.

　그렇다고 좋고 믿을 만한 사람을 찾아 나서겠다는 생각은 어리석은 생각이 아닐 수 없다. 저 사람은 팥으로 메주를 쑨다고 해도 믿을 만한 사람이라고 느낄 수 있는 사람을 찾기가 어디 쉬운가? 쉽지 않다. 여기서 아주 중요한 것은 그런 사람을 찾아 나서는 것이 아니라 그런 사람이 나에게 오도록 만들어야 한다는 것이다. 어떻게 그렇게 할 수 있나? 자기 자신이 먼저 좋고 믿을 만한 사람이 되면 된다. 자신의 단점을 하나씩 하나씩 고치고 자신을 조금씩 개발해 나가면 아이러니하게도 좋고 믿을 만한 사람이 나에게 모여들게 된다. 자신의 단점을 오랜 습관이라고 정당화하면서 바꾸지 않는 사람은 주변에 좋고 믿을 만한 사람이 모여들지 않을 뿐 아니라 그런 사람을 만나기도 힘들다. 자신이 좋고 믿을 만한 사람으로 바뀌면 그런 사람이 모여들게 된다. 유유상종이라는 말이 있다. 자신이 좋고 믿을 만한 사람을 만나고 싶다면 자신이 먼저 단점을 보완하고 장점을 키워서 좋고 믿을 만한 사람으로 스스로 바뀌어야 한다.

남을
변화시키고 싶을 때

다른 사람이 내 뜻을 따르지 않고 의견을 달리할 때 그 상대를 변화시키고자 할 때가 많다. 특히 부모와 자식 간에 이런 일이 많다. 부모가 생각하는 대로 자식이 따라 주지 않을 때, 부모는 자식의 생각과 마음을 바꾸려고 부단히 노력하고, 뜻대로 되지 않으면 마음 아파하는 경우가 많다. 자식도 남이다. 내가 아니면 다 남이다. 그렇다면 자식을 변화시키려면 어떻게 해야 할까? 혼내 보기도 하고, 꾸짖기도 하며, 휴대폰을 뺏기도 하고, 용돈을 줄이기도 하는 등의 방법을 사용해도 그다지 효과가 없다.

사람을 변화시킨다는 것에 대해서 먼저 생각해 볼 필요가 있다. 사람을 변화시키는 것이 쉬운가? 본인 스스로는 단점을 장점으로 바꾸는 것이 잘 되는가? 본인 스스로도 단점을 장점으로 변화시키기가 어려운데 하물며 남은 어떠하겠는가? 부모와 자식 간에도 부모가 자식을 변화시키기가 어려운데 어떻게 피 한 방울 섞이지 않은 남을 바꿀 수 있겠는가?

남을 변화시키는 가장 빠르고 확실한 방법이 있다. 그것은 본인이 바뀌는 것이다. 본인 자신이 바뀌면 남이 바뀌게 된다. 자식을 변화시키고 싶으면 부모가 변해야 하고, 폭언을 하는 상사를 변화시키려면 더는 폭언을 하지 못하게 자신을 강인하게 바꾸어야 한다. 많은 사람이 남을 변화시키려고 고민하지만 정작 가장 빠르게 남을 변화시키는 방법은 자신부터 변하는 것이다. 자신이 변화된 모습을 보이면 상대도 거기에 맞는 행동을 하면서 변화되는 것이다.

베풀고 당하고
베풀고 상처를 받고

주변에 보면 남에게 베풀고도 상처를 받는 사람이 많다. 물론 베푸는 것은 좋은 일이다. 베풀고 살라, 베풀고 사는 게 좋다는 얘기를 많이 듣지 않는가? 그런데 남에게 베풀 때 한번 생각해 봐야 한다.

우리가 남에게 100을 베풀었다고 치자. 100을 베풀다 보면 받는 사람은 100을 받는 것에 익숙해진다. 그러다가 100에서 200으로 올려 달라고 요구한다. 그래서 어렵게 200을 베풀었다고 치자. 맨 처음에 100을 베풀었을 때 "감사합니다. 감사합니다." 하며 진심으로 말했던 사람이 200을 받았을 때는 강도가 확실히 줄어든 채로 "감사합니다."라고 말한다. 그러고 서서히 300을 요구한다. 300을 들어주지 않으면 화내는 경우도 있다. "100에서 200으로 올려 주더니 왜 300으로는 안 올리는 거예요?" 적반하장도 이런 적반하장이 없다.

이런 경우가 얼마나 많은가? 현대 사회를 사는 사람들이 겪는 아픔 중에 이런 경우가 많다. 베푸는 것은 좋은 일이다. 하지만 베풀 만한 사람에게 베푸는 것이 중요하다. 베풀 가치도 없는 사람에게 베푸는 것은 완전히 낭비이고 상처를 받는 지름길이다. 우리가 무언가를 베풀었을 때 그에 대해 감사하게 생각하고, 자신을 더 개발하여 승승장구한다면 베풀면서도 보람을 느낀다. 반면에 우리가 베푸는 것을 날름날름 받아먹기만 하고 감사할 줄 모르는 사람에게 베푸는 것은 낭비도 그런 낭비가 없다는 것을 명심해야 한다.

우리가 누구에게 베풀고자 할 때 '이 사람이 받을 자격이 있는가? 받을 그릇이 되는가?'를 생각할 필요가 있다. 그런 자격도 없는 사람에게 베풀어 주는 것은 받는 사람도 주는 사람도 다 손해이다.

운명을 바꾸는
세 가지

　토머스 에디슨은 발명왕으로 불리는 세기의 위인이다. 전구, 축음기 등 발명품이 1,093개나 되는 대단한 업적을 이뤘다. 에디슨은 명언도 많이 남겼다. "성공의 99%는 노력이고 1%의 영감이다." "모든 사람은 다이아몬드의 원석과 같다. 갈고닦으면 빛나게 된다." "인간의 가장 큰 약점은 끈기가 약하다는 것이다." 아직도 미국 전자 제품의 대명사인 GE의 창업자이기도 하다. 그렇다면 에디슨은 어릴 때부터 탁월했을까? 그렇지 않다. 에디슨은 초등학교를 중퇴하게 됐다. 그 정도로 문제가 많아 보였던 에디슨이 어떻게 세기의 발명왕이 되었을까?

　하루는 에디슨이 다니는 초등학교 선생님이 에디슨을 불러 편지를 주며 꼭 어머니께 전하라고 했다. 에디슨은 집에 와서 어머니께 그 편지를 전달했다. 에디슨의 어머니는 그 편지를 읽고 하염없이 눈물을 흘렸다. 그리고 에디슨에게 말씀하셨다. "선생님이 보내 주신 편지를 읽어 주마. 당신의 아들은 천재입니다. 우리 학교는 당신의 아이를 돌봐 줄 정도로 능력 있는 선생님이 없을 뿐 아니라 에디슨에겐 너무나도 작은 학교이므로 에디슨이 앞으로는 집에서 교육을 받는 것이 어떨까 싶습니다."

　그다음 날부터 어머니가 최선을 다해 에디슨을 교육하였다. 책을 읽히고, 공부하게 했다. 수십 년이 지나 에디슨은 발명왕이 되었고, 그의 어머니는 돌아가셨다. 에디슨이 하루는 가족의 물건을 정리하다가 어머니의 서랍 구석에 있는 편지를 발견했다. 그 편지는 수십 년 전에 에디슨의 초등학교 선생님이 써 보낸 편지였다. 그 편지에는 이렇게 적혀 있었다. "당신의 아들은 저능아입니다. 학교에서는 더 돌볼 수가 없으니 학교에 등교하는 것을 더 이상 허락하지 않습니다." 에디슨은 그 편지를 읽는 순간 하염없는 눈물을 흘렸고, 그날 일기에 다음과 같이 적었다. "나 토머스 에디슨은 저능아였지만 훌륭한 어머니 덕분에 세기의 발명왕이 되었다."

모든 사람은 자신의 역량이 있다. 그 역량이 100이라면 평생 살면서 그 100을 발휘하는 사람도 있고, 10 혹은 1,000을 발휘하는 사람도 있다. 자신이 가진 역량보다 훨씬 더 큰 실력을 발휘하면 자신의 운명을 바꾸게 되고 성장하게 될 것이다. 에디슨의 어머니가 보여 주신 것이 바로 그 운명을 바꾸게 하는 행동이었다. 바로 칭찬, 격려, 믿음, 이것은 부모가 자식에게 줄 수 있는 가장 복된 행동이다. 자식이 뭔가 잘못했을 때 지적하고 훈계하고 꾸짖는 것이 익숙한 현대 부모들이 한번 생각해 봐야 할 부분이다. "칭찬은 고래도 춤추게 한다."라는 말이 있다. 가장 소중한 자식에게 끊임없이 칭찬하고 격려해야 한다. 그 칭찬과 격려는 믿음을 바탕으로 해야 한다. 자식이 이 세상에서 빛과 소금의 역할을 할 것이라는 믿음 말이다. 그러한 칭찬과 격려와 믿음, 이 세 가지는 자식의 운명을 바꿀 수도 있다.

증오의 마음

　사람이 살다 보면 별별 사람을 다 만나게 되고 그 만남 중에는 악연도 있을 수 있다. 정신적인 피해를 주거나 경제적인 타격을 주거나 상처와 아픔을 주는 사람도 만날 수 있다. 평생 증오하는 사람을 단 한 번도 만난 적이 없는 사람은 드물 것이다. 누군가를 증오하면 자신에게 좋지 않다. 증오라는 불씨가 마음속에 자리 잡고 있으면 스스로를 태울 수 있기 때문에 증오는 마음에서 없애는 것이 중요하다.

　마틴 루서 킹 목사의 명언 중에 "증오로 증오를 없앨 수 없다. 사랑으로 없앨 수 있다."라는 말이 있다. 증오로는 마음에 있는 증오를 없앨 수 없고, 사랑으로만 그 질긴 증오를 없앨 수 있다는 뜻이다.

　그렇다면 증오를 없애기 위해서 사랑을 누구에게 어떻게 사용해야 하는가? 그 증오하는 대상을 사랑하라는 말인가? 우리는 보통 인간이다. 성인군자가 아니므로 우리에게 큰 상처나 아픔을 준 사람을 사랑하는 것은 어려운 일이거나 불가능한 일이다. 사랑을 자신에게 쏟아야 한다. 자기 자신을 위로하고 사랑하면 증오가 마음에서 조금씩 빠져나가는 기적 같은 일이 생긴다. 자신의 건강, 자신의 꿈, 자신의 가족, 자신의 행복 등에 집중하고 자신을 오롯이 사랑하면 증오가 마음에서 빠져나가는 것을 느끼게 된다.

　증오는 성장력이 뛰어나다. 어떤 한 사람에 대한 증오심을 가지고 있으면 그 증오심은 점점 커지고 오랫동안 마음에 자리 잡아서 우리를 힘들게 한다. 두 번 당하는 꼴이다. 상처와 아픔을 받아서 첫 번째 피해를 입고, 증오심을 마음에 가지고 있어서 두 번째 피해를 본다. 우리에게 상처 준 사람을 용서하는 것이 아니라 우리 자신을 위해서 증오심을 마음에서 뽑아내야 한다.

약점을
극복하라

모든 사람은 약점과 강점을 가지고 있다. 나는 약점이 없다고 말하는 사람은 그 오만함이 약점일 것이다. 강점은 좋은 것이니 괜찮지만 약점이 문제이다. 자신의 약점 때문에 힘들어하고 괴로워하는 사람이 많다. 약점이 아킬레스건이 되어 누군가 그 약점을 건들기라도 하면 와르르 무너진다. 그 약점이 자격지심의 근원이 되어 버린다.

"자신의 약점을 극복하고 싶은가? 극복하기 싫은가?"라고 물어보면 아마 모두 다 약점을 극복하고 싶다고 말할 것이다. 그러므로 약점을 극복하는 자신만의 방법이 있어야 한다. 자신의 약점을 잘 극복한 사람은 성공적인 삶을 살 것이고, 그러지 못한 사람은 안타깝게도 평생 그 약점 때문에 힘들어하면서 살게 된다.

마쓰시타 고노스케(松下幸之助)는 일본에서 '경영의 신'으로 불린다. 현재의 파나소닉을 세운 경영인으로 한때는 파나소닉을 세계 20위권에 드는 글로벌 회사로 키운 탁월한 인물이다. 그런데 이런 마쓰시타 고노스케에게도 약점이 세 가지 있었다. 그는 너무나 가난하였고, 몸이 약했으며, 학력은 초등학교 중퇴가 전부였다. 그럼에도 불구하고 그는 세계적인 경제인이 되었다.

한 인터뷰에서 어떻게 그렇게 성공할 수 있었냐는 질문에 그는 다음과 같이 답했다.

"내가 성공할 수 있었던 것은 세 가지의 축복이 있었기 때문이다. 첫째는 가난이다. 가난했기 때문에 돈의 귀중함을 알아서 돈을 모을 수가 있었다. 둘째는 어릴 때부터 몸이 약했던 것이다. 몸이 약해서 항상 건강을 관리하였고 그 덕분에 90세가 넘은 나이에도 이렇게 건강하게 지내고 있다. 셋째는 배우지 못한 것이다. 배우지 못했기 때문에 지혜로운 사람을 찾아 조언을 들음으로써 교만해지거나 독불장군이 되지 않을 수 있었다."

그의 약점 세 가지가 보통 사람에게는 자격지심이 될 수 있다. 하지만 마쓰시타 고노스케는 긍정적으로 축복이라고 생각하고 단점을 장점으로 승화시켰던 것이다. 많은 사람은 자신의 단점에 매몰되어 벗어나질 못한다. 자신의 약점을 인정하고 불평하지 않으며 장점으로 승화시키기 위해서는 긍정적으로 생각하고 감사한 마음으로 실천해야만 한다.

마쓰시타 고노스케가 전체 종업원에게 다음과 같은 말을 하였다고 한다. "감옥과 수도원의 차이가 무엇인가? 감옥과 수도원의 차이는 불평하느냐, 감사하느냐이다."

인성

"저 사람은 인성 교육을 받아야겠어. 저 사람은 인성 교육이 잘못됐어."라고 얘기하는 경우가 많다. 사람마다 나름의 생각과 생활 태도가 있다. 그런 생각과 태도는 행동으로 나타나고, 반복적인 행동은 결국 습관이 되어 자신의 운명을 결정하게 된다. 어떤 한 사람의 특성을 생각했을 때, 떠오르는 그 사람의 특성이 바로 그의 인성이다. 영어로 Personality인 인성은 삶에서 아주 중요하다.

1998년에 워런 버핏과 빌 게이츠가 워싱턴대학에서 대학생들과 토론한 적이 있다. 질문 시간에 한 학생이 질문을 했다. 어떻게 그렇게 큰 부와 성공을 이룰 수 있었느냐는 일반적인 질문이었다. 그 질문에 워런 버핏은 주저하지 않고 "인성(personality)."이라고 답했으며, 빌 게이츠도 100% 동감한다고 말했다. 성공한 사람 대부분은 좋은 인성을 가지고 있다는 것이다.

좋은 인성을 만들기 위해서 필요한 요소에는 여러 가지 있다. 용기, 겸손, 배려, 강인함, 책임감 등등이다. 자신의 인성을 좋게 만들기 위해 노력해야 한다. 후천적으로 자신의 인성 점수를 높일 수 있다. 용기가 없는 사람이 용기를 낼 때, 겸손하지 않은 사람이 겸손해질 때, 배려하지 않던 사람이 배려할 때 그 사람의 인성 점수가 한 계단씩 올라가는 것이다.

바쁜 현대 사회에서 자신의 인성 점수는 몇 점일까를 자문해 볼 필요가 있다. 자신의 인성 점수를 올리고 싶다면 자신은 어떤 부분에 힘을 기울여야 하는지를 깨닫고 스스로 노력해야 한다. 인성 점수를 1에서 10으로 나누었을 때 1~2점이었던 인성이 단번에 9~10점으로 올라가지는 않는다. 차근차근 계단을 올라가는 마음으로 자신의 인성 점수를 올려야 한다.

장애물은
성공의 조건이다

"장애물은 성공의 조건이다." 이 말은 참 좋지만 장애물에 부딪혔을 때의 힘듦은 이루 다 말할 수가 없다. 장애물을 어떻게 극복하느냐가 성공의 중요한 부분이다. 장애물을 뛰어넘었을 때는 한 계단 성장하게 되고, 그런 성장이 쌓여서 결국은 성공의 단 열매를 얻을 수 있다. 장애물을 뛰어넘기 위해서는 부단히 노력하고 창의력을 기르며 인내해야 한다.

《맥스웰 리더십》의 저자 존 맥스웰은 "독수리가 더 빨리 더 쉽게 날기 위해 극복해야 할 유일한 장애물은 '공기'이다."라고 했다. 독수리는 공기를 잘 극복해야만 더 빨리, 더 쉽게 날 수 있다. 공기를 다 없앤 진공 상태에서는 독수리가 날지 못하고 바로 떨어지고 만다. 그러므로 공기는 장애물인 동시에 비행의 필수 조건인 것이다. 성공을 위한 길에 있는 장애물은 성공으로 가는 조건과 같다. 장애물을 만났을 때 '나에게는 왜 이런 장애물이 생기지? 나는 왜 이러지?'라며 부정적으로 생각하면 그 장애물을 넘을 수 없다. 하지만 '이 장애물은 나의 성공의 조건이다.'라고 생각하면 그 장애물을 딛고 더 크게 발전할 수 있다. 훗날에는 "그게 바로 성공의 조건이었구나."라고 고백하게 된다.

스티브 잡스는 자신이 창업한 애플에서 해고된 적이 있다. 자신이 만든 회사에서 이사회의 결정으로 해고를 당하는 엄청난 일을 겪은 것이다. 스티브 잡스 본인도 그 일이 가장 큰 장애물이었다고 말했다. 하지만 스티브 잡스는 그 장애물을 성공의 한 중요한 계단으로 여기고 뛰어넘기 위해 부단히 노력했다. 그리고 그때가 가장 창의적이었다고 말했다. 장애물은 성공으로 가는 길의 방해꾼이 아니라 성공으로 가는 조건이라고 생각할 필요가 있다.

그런데 이런 장애물을 극복하는 데는 엄청난 에너지와 노력이 필요하다. 존 맥스웰은 또 이렇게 말했다. "모든 인간은 너무나도 귀한 씨앗을 가지고 있다. 그 씨앗을 싹트게 하고 성장하게 하는 것이 중요하다. 그렇게 성장하면 자부심과 자존감이 커지고 성공의 반열에 오르는 것이다. 자신이 가지고 있는 이 귀한 씨앗을 싹트게 하고 성장하게 하는 물은 무엇인가?" 존 맥스웰은 '자신에 대한 믿음'이라고 말했다.

장애물을 만났을 때 자신에 대한 강한 믿음이 있으면 그 장애물을 성공의 조건으로 받아들이게 된다. 그러면 장애물을 극복할 수 있고 성장하여 성공하게 된다. 이런 과정을 한 번 두 번 겪게 되면 자신도 모르게 자부심과 자존감이 높아지는 것이다. 장애물은 성공의 조건이다.

꿈깡끼끈꾀꼴꾼

성공의 요소를 쌍기역(ㄲ)으로 시작하는 단어 7개로 표현하기도 한다. 바로 꿈, 깡, 끼, 끈, 꾀, 꼴, 꾼이다.

꿈. 인생을 살면서 목표와 비전을 가지고 사는 것은 중요하다. 꿈이 없고 목표가 없는 삶은 나침반 없이 항해하는 배와 같다. 나침반 없이 항해하다 보면 제자리만 맴돌 수 있다. 삶의 목표와 비전을 갖는 것은 중요하다. 목표를 거창하게 잡을 필요는 없고, 꿈도 거창하게 가질 필요는 없다. 너무 거창하게 잡으면 자칫 의욕이 상실될 수도 있기 때문이다. 꿈과 비전이 있는가? 없다면 만들어야 한다.

깡. 깡은 추진력과 같다. 어떤 목표가 설정되고 꿈이 정해진 뒤에 그것을 추구하는 데 추진력은 필수 요건이다. 실패를 거듭하는 사람들은 머뭇거리다가 시작도 못 하는 경우가 많다. 하지만 성공한 사람들은 깡, 즉 추진력이 뛰어나다.

끼. 끼는 감각, 센스 등과 같다. 끼가 많다는 말은 나쁘게 들릴 수도 있지만, 끼가 있는 사람은 감각이 뛰어나고 센스가 있는 사람이다. 감각이 없고 센스가 없는 것은 사회 활동에서는 단점이 된다. 자신의 감각과 센스는 어떤가를 살펴볼 필요가 있다.

끈. 끈은 꼭 혈연, 학연, 지연을 의미하지는 않는다. 사회생활에서 인간관계 기술을 나타낸다. 다른 사람을 자신의 사람으로 만들 수 있는 능력, 사람의 마음을 움직일 수 있는 능력을 가진 사람은 끈이 있는 것이다. 성공한 사람은 누구나 사회생활에서 자신만의 인간관계 철학이 있다.

꾀. 꾀는 지혜라고 할 수 있다. 삶에서 난관에 봉착했을 때 지혜롭게 대처하는 것은 아주 중요한 덕목이다. 꾀를 부리는 것이 아니라 삶의 지혜를 키우라는 의미이다.

꼴. 꼴은 자신의 외모를 포함한 이미지이다. 아무리 성실해도 자신의 이미지나 외모를 관리하지 않으면 자기 관리를 못 하는 사람으로 보이기 쉽다. 그러므로 자신을 가꾸는 것은 중요하다. 보여 주기 위함이 아니라 자신을 소중하게 여기라는 의미이다. 자신을 소중하게 여기는 사람은 자존감도 높고, 성공의 중요한 키를 가지고 있는 것이다. 자신은 꼴은 어떻게 관리하는가를 살펴보아야 한다.

꾼. 꾼도 성공하는 데 아주 중요한 덕목이다. 아마추어는 하기 싫으면 그만둔다. 프로는 사활을 걸고 그 일에 용왕매진한다. 꾼은 바로 '프로 정신'이라고 할 수 있다. 어떤 일을 하더라도 프로답게 임하는 사람이 있고 아마추어처럼 임하는 사람이 있다. 그 두 사람의 결과는 엄청나게 큰 차이가 난다. 매사에 일을 함에 있어서 꾼, 즉 프로답게 임하라는 뜻이다.

이 외에도 성공하는 데 필요한 중요 덕목이 더 있겠지만 이 7가지로 한 번쯤 자신을 체크해 볼 필요가 있다.

당신의 말은
힘을 가지고 있다

캐롤라인 나로지는 이렇게 말했다. "당신의 말은 힘을 가지고 있다. 누군가의 오늘을 밝혀라. 세상을 변화시켜라." 말의 중요성은 아무리 강조해도 지나치지 않다. 우리가 하는 말은 우리의 뇌를 자극하고 우리의 행동을 바꾸며 나아가 운명도 바꿀 수 있다. 항상 부정적으로 말하는 버릇을 가진 사람은 부정적인 힘을 불러오고 긍정적으로 말하는 사람은 긍정적인 힘을 불러 모으기 때문이다.

"아, 힘들어. 죽고 싶어. 되는 게 없어." 이 같은 부정적인 말을 하면 뇌가 똑같이 부정적으로 반응하여 모든 일을 부정적으로 생각하게 된다. 그러면서 일에 대한 의욕도 생기지 않아 무기력해지고 불평불만만 쌓이게 된다. "다 잘될 거야. 잘 이겨 낼 거야. 난 해낼 수 있어." 이 같은 긍정적인 말은 긍정의 힘을 가지고 있다.

그런데 부정이 긍정보다 우성이다. 흑인과 백인이 결혼하여 자식을 낳으면 백인이 나올 확률은 제로이다. 검은색 피부가 우성이기 때문이다. 부정적인 생각과 긍정적인 생각 중에서 우성은 부정적인 생각이다. 두 생각이 뒤엉키면 부정적인 생각이 훨씬 힘이 세기 때문에 부정적인 생각에 더 쉽게 빠져들게 된다. 어떤 어려운 일이 생겼을 때 부정적인 생각과 마음이 우세하여 그래도 긍정적으로 생각하려는 마음을 누르는 것을 경험해 보았을 것이다. 그러므로 의식적으로라도 긍정적으로 말하려고 노력해야 상대적으로 열성인 긍정의 말버릇을 갖게 되고 긍정의 힘을 끌어올 수가 있다.

우리가 혀로 내뱉는 말은 그냥 단순한 말이 아니다. 그 말은 자신의 생각과 뇌에 영향을 준다는 사실을 기억해야 한다. 부정적인 말은 부정의 힘을 끌어오고, 긍정적인 말은 긍정의 힘을 끌어오는 마법과 같은 힘이 있다. 당신의 말은 힘을 가지고 있다.

말의 중요성

임금이 시몬과 요한을 불렀다. 시몬에게는 세상에서 가장 나쁜 것을, 요한에게는 세상에서 가장 좋은 것을 가지고 오라고 명령했다. 그들이 가지고 온 것은 모두 사람의 혀였다. 즉, 세상에서 가장 좋은 것일 수도, 세상에서 가장 나쁜 것일 수도 있는 것이 바로 '사람의 혀, 곧 말'이다. 이처럼 말은 좋은 영향을 줄 수도 있지만 가장 나쁜 영향을 줄 수도 있기 때문에 말을 조심해야 한다.

고대 히브리어에 "아브라카다브라"라는 말이 있다. 이는 '말한 대로 이루어진다'는 뜻이다. 우리는 말을 쉽게 하는데, 말은 말하는 사람의 운명을 결정할 수도 있다. 아브라카다브라! 말한 대로 이루어지기 때문이다.

일본의 뇌 과학자인 사토 도미오(佐藤 富雄)는 그의 저서 《기적의 입버릇》에서 우리가 하는 말은 우리의 잠재의식을 자극하고 본인을 바꾼다고 주장한다. 인간은 상상만으로도 뇌를 연습시킬 수 있고 뇌를 자극할 수 있다. 기적의 입버릇, 좋은 말, 긍정적인 말, 감사하는 말 등을 지속적으로 하면 잠재의식을 자극하게 되고 뇌의 학습 능력을 바꾸며 운명도 바꾸게 된다. 그만큼 좋은 말을 하는 것이 중요하다.

이츠카이치 츠요시(五日 市剛)는 그의 저서 《행복을 부르는 마법의 말의 비밀》에서 이스라엘 할머니가 알려 준 행운을 부르는 마법의 말을 소개한다. 그 말은 바로 "감사합니다. 고맙습니다. 소원이 이루어졌습니다."라는 단 세 마디이다. 이 세 마디를 매일 아침에 일어나서 외치고 입버릇처럼 말한다면 행복이 온다고 한다. 눈을 뜨고 아침을 맞았을 때 "감사합니다. 고맙습니다. 소원이 이루어졌습니다."라고 외치는 것이 중요하다. 이 말은 일본 전역으로 퍼졌고 수많은 연예인과 스포츠 선수와 경영인이 실천한다고 한다.

항상 긍정적인 말을 하도록 노력하고 감사하는 말을 하면 본인의 운명을 바꿀 수 있다. 긍정적인 말버릇은 본인의 잠재의식을 자극한다. 감사하는 말과 긍정적인 말은 행운과 행복을 부를 수 있다. 아브라카다브라! 말한 대로 이루어진다!

물고기도 사람도
입으로 낚인다

유대인의 《탈무드》에 "물고기도 사람도 입으로 낚인다."라는 말이 있다. 사람이 가장 많이 하는 실수는 바로 말실수라고 할 수 있다. "입은 하나이고 귀는 두 개이니 말하는 것보다 듣는 것을 중요시해야 한다."라는 말도 《탈무드》에 나온다. 말조심은 아무리 강조해도 지나치지 않다.

소인배는 말하는 것이 항상 부정적이고 이간질하며 꾸미는 말로 남에게 피해를 주고 아픔을 준다. 어떤 사람의 입에서 나오는 말로 그 사람을 평가할 수 있다. 남이 말하는 것을 유심히 들어 보면 이 사람이 부정적이고 비판적인 사람인지 아니면 긍정적이고 발전적인 사람인지를 알 수 있다. 그런데 본인은 모른다. 예를 들어 뒷말을 하는 사람을 보고 "저 사람은 왜 저렇게 뒷말을 하지?"라고 얘기하는 사람이 있는데 그 사람도 뒷말을 많이 한다. 또한 항상 부정적인 말을 하는 사람을 보고 "저 사람은 왜 저렇게 항상 부정적으로 얘기하지?"라고 말하는 사람이 있는데, 그도 부정적인 얘기를 잘하는 것을 볼 수 있다. 즉, 남이 얘기하는 것은 들으면서 판단을 잘하지만, 본인이 얘기하고 말할 때는 아무 생각 없이 얘기하고 말하는 사람이 너무 많은 것이다. 남의 말을 들을 때는 본인의 두 귀와 뇌가 작동하면서 남의 말을 잘 분석하고 판단한다. 하지만 본인이 말할 때는 뇌로 생각하고 입으로 말하고 듣기 때문에 듣기에 집중이 안 된다. 그러다 보니 자신이 싫어하는 말투로 자신이 말하고 있다는 사실을 모르는 것이다. 이것은 많은 사람이 하는 실수이다. 본인이 평소에 싫어하고 혐오하는 말투로 본인도 말하고 있다는 사실을 모르니 얼마나 안타까운 일인가? 자신의 말투와 습관에 주의를 기울여야 한다. 본인의 말을 듣는 연습을 해야 한다. 그래야만 본인이 습관적으로 하는 말실수를 줄일 수 있다. 물고기도 사람도 입으로 낚인다. 본인의 말 습관과 말투를 유심히 살펴보는 것의 중요성은 아무리 강조해도 지나침이 없다. 자신이 싫어하는 사람의 말투로 본인도 말하고 있다는 사실을 모르는 사람이 많은 것은 안타까운 일이다.

함부로 말하는 사람은
상종하지 말라

　말실수를 하는 사람도 있고 함부로 말하는 사람도 있다. 거짓말을 하기도 하고 자신의 이기적인 행동을 합리화하는 사람도 있다. 남에게 상처를 주고 아픔을 주는 말을 스스럼없이 하는 사람도 있다. 그런 사람들은 왜 그렇게 남에게 상처를 주고 아픔을 주는 말을 하는 것일까? 대부분은 그런 자신이 남에게 상처를 주는 줄도 모른다. 버릇처럼 습관처럼 남에게 상처 주는 말을 하는 것이다. 그런 사람은 대체로 그의 부모도 그런 경우가 많다. 가시 돋친 말을 스스럼없이 하는 부모 밑에서 자랐기 때문에 자연스레 그런 말버릇이 몸에 밴 것이다. '나는 저렇게 하지 말아야지.'라고 생각하면서도 조금씩 조금씩 무의식에 남에게 상처 주고 아픔을 주는 말버릇이 자리 잡은 것이다.

　이렇게 함부로 말하는 사람은 바뀌지 않기 때문에 상종할 필요가 없다. 상종할 가치도 없다. 그런데 이런 부류의 사람이 개과천선한 것처럼 다정하고 친절하게 다가올 때가 있다. 그럴 때 조심해야 한다. 그는 뭔가 필요하고 뭔가 아쉬운 것이다. 그럴 때는 머리를 조아리고 개과천선한 것처럼 행동하지만 자신이 원하던 것을 얻고 나면 언제 그랬느냐는 듯이 다시 상처와 아픔 주는 말을 한다. 상종하지 말아야 할 부류이다. "그렇게 상처 주는 말은 하지 마시오."라고 단호하게 얘기하고 마음에서 비워야 한다. 그런 사람이 내 마음에 스멀스멀 뿌리를 내리려고 할 때 마음에 자리를 못 잡게 해야 한다. 단번에 마음에서 없앨 수는 없지만 부단히 노력하면 가능하다. 생각날 때 다른 생각으로 바꿔서 뿌리를 내리지 못하게 하는 것도 좋은 방법이다. 좋아하는 음악이나 영상을 보면서 생각의 뿌리를 못 내리게 하는 것도 좋은 방법이다. 수단과 방법을 가리지 않고 말을 함부로 하는 사람이 내 마음속에 자리 잡지 못하게 하는 것이 중요하다. 인간의 마음은 얼마나 좁은가? 그런 좁은 마음에 서푼어치도 안 되는 하급 인간까지 들이고 살 필요가 있는가? 좋은 기억, 귀한 추억, 좋은 사람만으로 꽉 채워도 부족한 인간의 마음에 상종할 가치도 없는 사람까지 두는 것은 어리석은 짓이다. 꾸준히 마음에서 잘라 내는 연습이 필요하다. 그러면 어느 순간 말을 함부로 하는 사람의 말이 옆집 개가 짖는 소리처럼, 기차가 지나가는 소리처럼 들릴 것이다.

미운 사람을
마음에서 빼내기

　고마운 사람도 아니고 행복을 주는 사람도 아니고 너무 미운 사람이 있다. 현대 사회를 살면서 미운 사람이 없기를 바란다 해도 나에게 상처와 아픔을 주고 나를 배신하는 사람이 미워지는 것은 당연한 일이다. 미운 사람은 왜 미울까? 미운 짓을 했기 때문에 밉다. 미운 짓이란 상처 주고, 아픔 주고, 배신하는 그런 행동이다.

　이 미운 사람을 계속 생각할 필요가 있을까? 미운 사람을 계속 생각하다 보면 화가 나고 혈압도 오르는 등 건강에도 좋지 않은 증상이 나타난다. 또한 미운 사람을 생각하고 또 생각하면 증오하는 마음이 점점 커져서 나중에는 본인의 감정을 주체하지 못할 정도로 증오심이 활활 타오르게 된다. 그 자체로도 자신에게 너무 해롭다. 그러므로 마음속에 있는 미운 사람을 도려내야 한다. 그런데 이것이 쉽지 않다는 것이 문제이다.

　연습이 필요하다. 마음속에 자리 잡고 있는 미운 사람이 생각날 때 다른 일을 하면서 생각을 돌려야 한다. 산책을 하든가, 음악을 듣든가, 즐거운 일을 생각하든가, 무언가 다른 행동을 하여 미운 사람에 대한 생각의 꼬리를 잘라야 한다. 이것도 연습하면 된다. 그런 생각이 들 때마다 다른 행동으로 생각을 돌리는 연습을 하면 된다. 사람의 생각과 정신은 상당히 복잡하면서도 뇌에는 단순한 면도 있다. 웃는 흉내만 내도 진짜 웃을 때에 나오는 호르몬이 나온다. 그러므로 미운 사람의 생각이 불쑥 떠오를 때는 억지로라도 다른 행동으로 생각의 꼬리를 자르는 연습을 꾸준히 하면 효과가 있다. 마음속에 자리 잡고 있던 미운 사람을 빼낼 수 있는 힘이 어느새 생기게 된다. 그렇게 하여 빼내고 나면 그 미운 사람이 불쌍한 사람으로 보이고 살기 힘든 사람으로 보인다. 밉기보다는 불쌍하게 여겨지면서 그 미운 사람에 대한 생각에서 자유로워진다.

인간의 마음은 좁다. 그 좁은 마음에 미운 사람을 둘 이유는 하나도 없다. 생각하면 감사하고 행복하고 즐겁고 기쁜 사람들로 채우기도 부족하다. 그러므로 미운 사람이 떡하니 자리 잡게 하는 것은 어리석은 짓이다. 마음속에 자리 잡은 백해무익한 미운 사람을 빼내자.

소인배를 알아보고
대처하는 방법

주변에 소인배가 많다. 직장 선배, 동료, 후배 중에도 소인배 기질을 가지고 뒷말을 하고 험담하는 사람이 있어서, 그로 인해 상처를 받는 현대인이 너무나 많다. 그러므로 소인배에 대해서 알 필요가 있다. 그런 소인배는 뼛속 깊이 소인배 기질을 가지고 있다고 보면 된다. 성격도 괴팍하고 자기 것만 추구하는 부류이다. 남들이 싫어하고 멀리하며 상대하기 쉽지 않은 존재이다. 동서고금을 막론하고 인류의 오랜 숙제라고 할 수 있다.

공자는 "군자는 의에 밝고 소인은 이에 밝다."라고 말했다. 군자는 의를 중요하게 여기지만 소인은 이익만 따진다. 소인은 이익이 되느냐 안 되느냐에 따라서 행동한다. 오늘날에도 이권이 개입되었을 때 미친 사람처럼 자기 이권만 추구하고 남들이 어떤 상처를 받는지, 얼마나 아픔을 당하는지에는 관심도 없는 소인배가 많다.

또한 공자는 "소인은 참 다루기가 어렵다. 가까이하면 불손해지고 멀리하면 원망한다."라는 말도 했다. 가까이하면 잠깐은 잘하는 것 같지만 어떤 이권이 개입되면 바로 본색을 드러낸다. 불손해지는 것이다. 보통 1년이면 그런 본색이 드러나게 된다. 그래서 한 사람을 알려면 봄-여름-가을-겨울은 지나 봐야 한다. 그렇기 때문에 다른 사람에게 속내를 드러내는 것을 조심해야 한다. 소인배인 줄 모르고 속내를 드러냈다가 그것이 상처와 아픔으로 되돌아올 수 있기 때문이다.

겸애를 주장한 묵자도 소인에 대해 "소인은 다른 사람을 놓고 계산만 한다. 늘 주변의 크고 작은 이익을 살펴 수시로 공짜를 얻으려는 마음이 강하다. 그리고 타인을 막무가내로 음해하는데 그 기세를 막을 길이 없을 정도

이다."라고 말했다. 오늘날에도 자기 이권이 개입되었을 때 타인을 막무가
내로 음해하는 소인배가 있다. 그래서 묵자는 소인과 교제할 때는 신중해야
하고, 건드리기보다는 피하는 것이 상책이라고 말했다. 또한 "군자의 미움
을 살지언정 소인의 미움은 사지 말라."라고도 했다. 소인에게 미움을 사면
삶이 피곤해진다는 뜻이다. 그만큼 소인배는 상대하기 힘들다. 소인배는 앞
뒤를 가리지 않고 의(義)를 생각지도 않는다. 자기 이권만 추구하는 기질을
지니고 있기 때문에 함께하기에는 너무나도 피곤한 존재이다.

그러므로 우리는 소인을 대처하고 피하는 방법을 알아야 한다. 너무 가
까이해서도 안 되고 너무 멀리해서도 안 된다. 어떤 조직이든 소인배는 있
기 마련이다. 그러므로 소인배를 대처하는 방법을 터득하는 것이 중요하
다. 소인배와 싸우자고 들면 피곤해진다. 소인배는 자신이 원하는 사람을
모욕하는 것이 아니라 모욕할 수 있는 사람을 모욕한다. 바로 만만한 사람
을 공격하는 것이다. 자기보다 약하고 자기 말을 잘 들으며, 소리 지르면
겁먹는 사람을 모욕하고 공격한다. 그러므로 소인배에게는 또박또박 얘
기하고 당당하게 대하는 것이 너무나도 중요하다. 지레 겁먹고 할 말도 못
하면 바로 소인배에게 공격의 타깃이 될 수 있다. 소인배가 한번 공격했는
데 별 반응이 없으면 그다음 공격의 수위가 높아진다. 그러므로 소인배를
대할 때는 할 말을 똑 부러지게 해야 한다. 목소리를 낮추고 이치에 맞게
자신의 의견을 말하는 것이 중요하다. 소인배는 자존감이 높은 사람에게
는 사자 앞의 하이에나처럼 아무 소리도 못 하고 꼬리를 내린다. 자존감이
높은 사람은 소인배에게 그 상황과 부당함을 당당하게 얘기할 수 있다. 어
설픈 착함은 소인배의 공격 대상이 될 뿐이다.

소인배를
괴물로 키운 사람은
바로 당신이다

현대 사회에는 상처를 주고 아픔을 주는 소인배들 때문에 괴로워하고 힘들어하는 사람이 너무 많다. 그런 소인배 때문에 속병을 앓다가 화병이 생기기도 한다. 그런 소인배가 악담을 하고 큰소리를 치며 상처를 줄 때 할 말은 하고 살아야 한다. 하지만 많은 사람이 두려움에 사로잡혀 아무 말도 못 하고 질질 끌려다닌다. 그런 소인배에게 끌려다니지 않기 위해서는 본인을 단단하게 만들어야 한다. 그러지 못하여 안타까운 일이 많이 생긴다.

여기서 "당신을 그렇게 힘들게 하는 그 사람은 누가 만들었나요?"라는 질문을 할 수 있다. 중요한 질문이다. 물론 그런 사람은 선천적으로 기질이 나쁘기도 하고, 그런 이기적이고 폭행적인 행동은 쉽게 바뀌지 않는다. 그런데 그렇게까지 나쁜 사람이 되는 데는 당신 '자신'도 일조했을 수 있다. 그도 처음에는 애벌레 수준에 불과하여 막고자 하면 막을 수 있었다. 그런데 당신이 그에 대해 아무 말도 하지 않았기 때문에, 겁먹었기 때문에 그 애벌레가 점점 커져서 괴물이 되었다는 사실을 알아야 한다.

괴팍한 상사가 모든 사람에게 괴팍하게 행동하나? 그렇지 않다. 할 말을 딱딱 하는 사람에겐 애벌레 수준에 머물러 있다. 그런데 아무 말 못 하고 질질 끌려다니는 사람에게는 그 애벌레가 점점 자라서 심하게 상처를 준다. 그래서 애벌레 짓을 하던 그 소인배가 괴물처럼 심하게 상처 주고 폭언하는 것이므로 그런 괴물을 만든 것은 바로 당신 본인이라는 사실을 받아들여야 한다.

소인배의 행동은 비겁하기 짝이 없다. 안하무인으로 행동하고 이기적이다. '벌레만도 못한 인간'이란 말이 있다. 오죽하면 벌레만도 못하다고 하겠나? 하찮은 인간이란 뜻이다. 이런 하찮은 인간이 폭언을 해도 상대가 아무 말도 못 하고 있으면 애벌레 같은 하찮은 인간이 우쭐대기 시작하고 자기가 뭔가가 되었다고 생각하면서 상처 주는 강도를 점점 높인다. 괴물처럼 강도가 세지는 것이다. 그 괴물처럼 행동하는 것을 습관과 버릇이 되게 만든 것이 바로 당신이 잘못한 일이다. 그러므로 당신에게 갑질을 하고 폭언하며 깊은 상처를 주는 애벌레만도 못한 인간을 괴물로 만든 사람은 바로 당신이라는 것을 명심하라. 그래야 그런 일이 다시 일어나지 않게 막을 수 있다.

나를 화나게 만드는 사람이
나를 지배하는 사람이다

현대 사회에서 열심히 살려고 노력하는데도 우리를 화나게 하는 사람이 있다. 그런 사람은 어디에나 꼭 있다. 나를 화나게 만드는 사람은 어떤 사람인가? "나를 화나게 만드는 사람은 나를 지배하는 사람이다."라는 중국 속담이 있다. 어떤 사람이 우리를 화나게 했다면 그 사람은 우리를 지배하는 사람이다.

복잡한 사회에서 비수로 찌르듯이 우리를 화나게 하는 사람이 있다. 그렇게 화나게 하는 행동에서 우리는 어떻게 하면 자유로워질 수 있을까? 생산적이고 건설적인 충고와 훈계는 우리를 화나게 하지 않는다. 그것을 통해서 우리는 더 발전하려고 노력하지 화를 내지는 않는다. 무개념의 인간(소인배) 중에는 도무지 생산적이지 않은 말로 다른 사람이 화를 내도록 유도하는 사람이 있다. 그렇게 쓸데없이 다른 사람을 힘들게 하는 사람은 무개념의 인간인 것이다.

화를 꾹꾹 참으면 화병에 걸리니 조심해야 하고, 그렇다고 그때마다 화낼 수도 없으니 답답한 일이다. 이럴 때는 마음가짐이 중요하다. 이유 없이 우리를 화나도록 하는 사람은 모두가 싫어하는 사람이다. 모두가 싫어하는 사람이 우리에게 상처를 주고 화나게 했다고 해서 화를 내서는 안 된다. 우리에게 마이너스가 되는 행동이다. 시간 낭비, 정신 낭비를 할 필요가 없다. 건설적이고 생산적인 일에 시간을 쏟아야 한다. 모든 사람이 싫어하는 그런 사람에게 화내는 것은 좋은 일이 아니다. 그런 사람과의 관계는 최대한 빨리 끊어야 한다.

좋은 사람과 나쁜 사람은
어떻게 알아보나?

좋은 사람과 나쁜 사람을 알아보는 능력은 아주 중요한 능력이 아닐 수 없다. 한 사람을 알기 위해서는 그 주변에 있는 사람을 보라는 말이 있다. 주변의 친구를 보면 그 사람을 알 수 있다. 격이 있는 사람을 어떻게 알아보는가? 중요한 질문이다. 모든 사람은 좋은 사람과 사귀고 싶고 만나고 싶은데 왜 나쁜 사람을 만나게 되는가? 좋은 심성을 가지고 존경할 만한 자질을 가진 사람을 만나길 원한다. 남을 시기 질투하고 뒷말이나 하는 그런 인간들은 피하고 싶은 것이 모든 사람의 마음일 것이다. 하급 소인배는 화나면 얼굴에 화난다고 쓰여 있고 시기할 때는 얼굴에 시기한다고 쓰여 있다. 하급 소인배는 그 본심을 잘 드러내기 때문에 나쁜 사람임을 쉽게 알 수 있다. 이런 나쁜 사람과는 접촉을 최대한 피하는 것이 상책이다.

그런데 겉으로는 다정다감하고 선하게 행동하는데 속마음은 음흉한 소인배도 있다. 그런 사람을 빨리 알아내는 능력이 너무나도 중요하다. 그런 사람이 바로 아픈 상처도 주고 사기도 치는 사람이고, 피해야 할 사람이다. 그런데 이런 사람은 바로바로 알아보기가 어렵다. "열 길 물속은 알아도 한 길 사람 속은 모른다."라는 말처럼 사람 속을 알기란 쉽지 않다. 하지만 우리에겐 막강한 무기가 있다. 그것은 바로 시간이다. 시간을 쏟으면 시간이 지남에 따라 사람은 속내를 드러내게 되어 있다. 우리의 소중한 무기인 '시간'을 쏟았을 때 사람 됨됨이를 거의 간파할 수 있다.

사람마다 기본 심성이 있다. 기본 심성이 선한 사람은 시간이 지나도 선한 행동을 보인다. 하지만 속과 겉이 완전히 다른 사람은 얼마간은 자신의 못되고 음흉한 심성을 감추지만 어느 순간 불쑥불쑥 그 나쁜 기본 심성이 나타나게 된다. 바로 그때 분명히 생각하고 판단해야 한다. 단순한 실수인지 아니면 마음속에 자리 잡고 있는 음흉한 마음이 나왔는지를 알아야 한다. 단순한 실수라면 그 사람은 진심으로 사과한다. 반면에 분명한 실수를 했는데도 진심으로 사과하지 않고 그냥 구렁이 담 넘듯이 지나가려고 하는 사람은 겉과 속이 다른 사람이다. '그냥 한 번 더 믿어 볼까?'라고 생각하는 것은 완전 바보짓이다. 누구나 잘못하고 실수할 수 있다. 하지만 겉과 속이 다른 나쁜 사람은 그 잘못이나 실수를 어떻게든 넘기려고 한다. 심성이 좋은 사람은 실수나 잘못을 했을 때 진심으로 사과한다. 바로 이것이 좋은 사람과 나쁜 사람을 쉽게 간파할 수 있는 방법이다.

이 또한 지나가리라

다윗왕이 어느 날 세공사를 불러서 아름다운 반지 하나를 만들라고 명했다. 그러면서 "그 반지에 내가 승리를 거두고 너무 기쁠 때에 교만하지 않게 하고 절망에 빠지거나 시련을 당할 때엔 용기를 줄 수 있는 글귀를 새겨라."라고 말했다. 세공사는 어떤 글귀를 넣어야 할지 몰라서 다윗왕의 아들인 솔로몬을 찾아가 도움을 구했다. 그때 솔로몬이 말했다. "이 또한 지나가리라(This, too, shall pass away)."

사람들은 일이 잘 풀리고 성공적으로 진행될 때는 그런 상승이 지속할 거라고 믿는 경향이 있다. 반대로 어려운 일이 닥치고 곤궁한 상황에 처할 때도 그런 어려움이 계속될 수 있다고 생각하는 경향이 있다. 좋은 일이 많으면 사람은 교만해지기 쉽고, 어려운 일이 거듭될 때는 두 손을 놓고 싶은 마음이 되기 쉽다. 그런데 아무리 높은 산도 골이 생기기 마련이다. 끝없이 올라가고 끝없이 내려가는 것은 없다. 오르막이 있으면 내리막이 있고, 산이 높으면 골도 깊은 법이다.

좋은 일이 계속 생길 때 교만해지거나 방심하는 사람이 많다. 사람은 일이 잘 풀리면 경계심을 풀고 오만방자해질 수 있다. 그러면서 낭패를 보는 경우가 얼마나 많은가? 또한 어려운 일이 생겼을 때 쉽게 포기하고, 어려움을 회피하려는 사람도 많다. 그런 사람에겐 항상 이유가 있다. 이런저런 핑계를 대며 포기하려고 한다. 핑계 없는 무덤 없듯이 어떤 어려운 상황에서 포기하거나 회피하는 사람에겐 모두 그럴싸한 핑곗거리가 있다. 이런저런 이유 '때문에'라는 말을 많이 하면서 어려움에 맞서지를 못한다. 하지만 성공적인 삶을 사는 사람은 다르다. 어떤 난관에 봉착하더라도 그 어려움에도 '불구하고'라고 말하면서 끝까지 버틴다. 결국에는 달콤한 성공의 열매를 딴다. 이런저런 어려움 '때문에'가 아니라 그런 어려움에도 '불구하고' 최선의 방법을 찾아 어려움을 돌파하려는 강한 의지가 있다. 그런 어려움을 견디게 하는 것이 바로 "이 또한 지나가리라."라는 말이다.

곰곰이 생각해 보자. 사는 동안 너무나 힘들고 고단한 때가 있었을 것이다. 그 고단함도 시간이 지나면서 사라지지 않았는가? 희망을 가지고 어려운 상황을 버티면서 방안을 모색하고 최선을 다한 사람이 결국 성공의 열매를 딸 수 있다.

부러워하면
지는 것이다

　부러움은 비교에서 비롯된다. 그런데 유심히 보면 비교를 제대로 하지 않는다. 평평한 운동장에서 경기를 해야 하는데 기울어진 운동장에서 경기를 하는 것과 같다. 본인은 겉과 속을 다 보여 주고 상대는 겉만 보면서 비교하는 것이다. 상대의 내면에 상처가 얼마나 있는지, 고생을 얼마나 했는지, 어떤 아픔이 있는지는 모른다. 상대는 겉으로 드러난 재력, 권력, 명예만 보고 자신은 겉과 속을 함께 보면서 비교하니 기울어진 운동장에서 경기하는 것과 같은 격이다.

　이런 잘못된 비교를 하면 상대가 마냥 부러울 수 있다. 부러워하면 지는 것이다. 백전백패이다. 다른 사람을 부러워하면 자신의 단점과 부족한 면은 부각된다. 자신의 강점이나 장점은 스스로 무시하고 잊으며, 부족한 면만 부각되어 스스로 작아진다. 혼자 부러워하고, 혼자 작아지며, 혼자 아파하는 이런 짓은 안 해야 한다.

　기울어진 운동장에서 경기하듯이 본인은 내면과 외면을 다 보고, 부러워하는 상대는 외면만 보고 비교하면 백전백패한다. 다른 사람의 내면과 외면을 다 볼 수 있다면 부러워할 만한 사람은 그다지 없다.

노력에는
끝이 없다

〈걷기왕〉이라는 영화가 있다. 하루에 2시간씩 걸어서 학교에 가는 만복이는 걷기 하나는 너무 잘한다. 담임 선생님은 공부에는 특별한 재능이 없는 만복이에게 경보를 권유한다. 이에 만복이는 경보 선수로 육상부에 들어간다. 그렇지만 육상부에 적응하기가 힘들고 문제가 많아서 그만두려고 한다. 그때 담임 선생님이 "왜 포기하려고 하니? 노력은 했니?"라고 다정하게 물어본다. 만복이는 조금 화난 듯이 "선생님, 저는 노력했어요. 힘껏 노력해도 안 되는 일이 있잖아요."라고 반문한다. 그때 선생님은 다정하게 긍정적으로 이렇게 말씀하신다. "만복아, 노력에는 끝이 없단다." 만복이는 다시 경보를 시작하고 새롭게 살아간다.

사람들은 어두운 터널 같은 어려운 시기를 지날 때 두 손을 놓고 싶은 충동이 생긴다. 아무리 노력해도 답이 안 보이면 그만두고 싶은 생각이 들 때가 있다. 그때 그만두는 사람이 있고, 끝까지 버티면서 그 어두운 터널을 통과하는 사람이 있다. 이 두 부류의 가장 큰 차이는 무엇인가? 터널을 지나는 것을 포기하고 두 손을 놓는 사람은 터널을 다 통과하기 전에 "난 노력했어. 최선을 다했어."라고 얘기한다. 반면 그 터널을 잘 통과한 사람은 터널을 지나는 동안에는 자신이 최선을 다하는지 진짜 노력하고 있는지에는 관심이 없고 묵묵히 최선을 다해 지나갈 뿐이다. 그 긴 터널을 다 통과하고 밝은 햇빛을 보면서 그때 말한다. "이 터널을 지날 때 난 정말 노력했어." 터널을 다 통과하지 못한 상태에서 "나는 노력했어."라고 말하는 것은 그만두고 싶다는 자신의 변명밖에 되지 않는다. 두 손을 놓고 포기하고 싶을 때 변명으로 "난 최선을 다했다."라고 말하는 것이다. 어려운 시기를 지날 때는 최선의 노력을 하고 있는지에 대해 스스로 물어볼 필요가 없다. 그 어려운 시기를 버티면서 통과한 사람만이 "난 그때 최선을 다했어."라고 말할 자격이 있다.

10년은 하자

어떤 일을 시작할 때는 10년, 20년 이상 열심히 할 마음을 먹는다. 그러나 일을 시작한 지 1~2년 안에 그만두는 경우가 허다하다. 물론 1~2년 하다가 접을 때 나름대로 정당한 이유를 댄다. 이런저런 이유 때문에 접었다고 말하며 자신도 어쩔 수 없었다고 생각한다. 왜 이런 일이 허다할까? 어떤 일이든지 시작할 때 10년은 한다는 마음을 먹어야 한다. 그러면 여러 상황에 미리 철저히 대비하고 일을 시작하게 된다. 이러한 대비 없이 함부로 일을 시작하면 생각지도 못한 변수가 생길 때에 그 일을 접게 되는 것이다.

말콤 글래드웰의 저서 《아웃라이어(Outliers)》에 '1만 시간의 법칙'이 나온다. 이는 어떤 일을 성공적으로 이루기 위해서는 1만 시간을 쏟아야 한다는 것이다. 1만 시간을 쏟는 데는 대략 10년이 걸린다. 오늘날도 많이 읽히는《손자병법》을 지은 손무도 20년간 산간벽지를 다니며 연구하여 병법을 집대성하였다.

10년 이상 쏟아야 하는 것은 공부, 투자, 명성, 권력 등 모든 면에 동일하게 적용된다. 어떤 거부나 큰 명예와 권력을 얻은 사람도 한 번에 된 경우는 없다. 일확천금은 없다. 꾸준히 10년은 한다는 마음으로 일을 시작하고 준비하면 어려움을 극복할 힘이 생기고 끈기 있게 버티기를 할 수 있다. 뭔가를 이룬 사람들의 공통점은 모두가 어려움을 만났지만 다 극복했다는 사실이다. 어설프게 창업하면 90% 이상이 3년 안에 폐업하게 된다. 결국은 조급한 마음에서 그런 일이 발생하는 것이다. 어떤 일을 하더라도 프로의 정신으로 임해야 한다. 아마추어는 하다가 말지만 프로는 시작한 일에 사활을 건다. 이것이 아마추어와 프로의 차이다. 그러므로 어떤 일을 시작할 때는 10년은 한다는 마음을 가져야 한다.

생산적인 참음과
파괴적인 참음

성공한 사람과 실패한 사람은 능력에서 큰 차이가 난다. 성공하는 사람은 고난을 버티는 힘이 남다르다. 쉽게 포기하고 실패하는 사람은 고난을 버티는 힘이 약하다. 그래서 쉽게 포기하는 사람은 참는 능력이 부족하다. "참아라. 참는 자에게 복이 있다." 이렇게 참는 것을 미덕으로 생각하며 강요하듯이 말하는 것을 쉽게 접할 수 있다. 하지만 참음에도 두 가지가 있다. 생산적이고 발전적인 참음이 있는가 하면 파괴적이고 너무나 비생산적인 참음이 있다.

누군가가 이유 없이 상처를 주고 아픔을 준다고 생각해 보자. 소인배가 무자비한 폭언, 폭행 등으로 소위 갑질을 하는데도 그냥 참으며 듣는 사람이 있다. 그러면서 스스로 위로하듯이 말한다. "참는 게 복이야. 참는 사람이 이기는 거야." 이렇게 말도 안 되는 얘기를 하면서 만신창이가 되어 가는 자신을 위로한다. 이것이 전형적인 파괴적인 참음이다. 몇 번을 강조하였지만 갑질을 하고 폭언하는 소인배에게 아무 소리도 못 하고 그냥 당하기만 하면 상대의 갑질은 그 강도가 점점 세진다. 그런 갑질에는 당당하게 말해야 한다. 아무 말도 못 하고 질질 끌려다니는 행동은 참는 것이 아니라 전형적인 바보짓임을 명심해야 한다. 오늘날 사람들이 무자비한 갑질에 아무 말도 못 하고 아무 반응도 못 하면서 스스로 만신창이가 되고 밤잠을 못 이루는 이유는 파괴적인 참음 때문이다. 그런 갑질은 부당하다고 당당하게 얘기해야 한다. 그렇다고 똑같이 큰소리로 대들라는 것은 아니다. 상대의 잘못된 행동에 똑같이 대응하면 닮아 가게 된다. 자분자분 명확하고 단호하게 자신의 생각을 피력하면서 맞서야 한다. 파괴적인 참음으로 자신을 파괴해선 안 된다.

　생산적인 참음은 인생의 중요한 목표를 성취하는 데 필요하다. 인생에서 누구나 어려움과 고통을 만나게 되는데 그런 순간을 이겨 내고 극복하면 빛나는 결과가 기다리고 있을 때에 참는 것이 바로 생산적 참음이다. 참음과 인내는 너무나도 좋은 말이지만 본인이 참고 있을 때 이것이 생산적인 참음인지, 파괴적인 참음인지를 진지하게 생각해 봐야 한다. 참는다고 다 좋은 것이 아니다.

잔소리

잔소리는 쓸데없이 자질구레한 말을 늘어놓는 것이고 필요 이상으로 듣기 싫게 꾸짖거나 참견하는 말을 뜻한다. 잔소리를 하는 사람은 본인이 잔소리를 한다는 것을 모르고, 따뜻한 충고나 피가 되고 살이 되는 조언을 하고 있다고 생각한다. 하지만 듣는 사람에게는 그저 잔소리로 들리는 경우가 많다. 필요 이상으로 얘기하면 아무리 좋은 조언도 잔소리가 된다. 《탈무드》에 "아이를 꾸짖을 때는 한 번만 엄하게 꾸짖고, 계속 잔소리를 해서는 안 된다."라는 말이 있다. 부모가 자녀에게 나쁜 말을 하지는 않겠지만, 한 번 엄하게 말하는 것이 효과가 훨씬 크다는 뜻이다. 잔소리는 상대가 반성하기는커녕 피곤해지게 하고, 아예 귀를 막고 생각을 멈추게 하기 때문이다.

미국 피츠버그의대와 UC버클리대, 하버드대의 공동 연구 팀은 다음과 같은 실험을 진행했다. 실험 집단인 청소년들에게 그들의 어머니의 잔소리를 녹음한 음성을 30초 동안 들려주고 뇌 활성도를 분석하였다. 검사 결과, 상대방의 관점을 이해하는 데 관여하는 두정엽과 측두엽의 접합부의 활성도가 떨어지는 것을 확인했다. 이는 잔소리를 듣는 청소년의 뇌는 멈춘 듯한 효과를 보이고 부모의 말을 이해하려고 하지 않는다는 것이다.

잔소리는 백해무익하다. 부모가 아무리 좋은 조언을 하더라도 자녀는 귀를 막고 부모의 말을 이해하려 하지 않기 때문이다. "잔소리가 많은 조직이나 가정에서 정이 넘치는 화목한 정서를 찾기는 힘들다." 이는 이종완의 두 번째 감성 에세이 《잘 살고 있나요?》에 나오는 말이다. 말하는 사람을 천하게 만들고 듣는 사람을 비굴하게 만드는 것이 잔소리다.

그런데 여기서 중요한 것은 잔소리를 하는 사람은 본인이 잔소리를 하고 있다는 사실을 모른다는 것이다. 본인이 누군가를 꾸짖거나 훈계하거나 조언하고 있을 때 의식적으로 자신을 확인해 보아야 한다. 말이 길어지고, 했던 말을 또 하며, 주제를 넘으면서까지 필요 이상의 말을 하고 있지 않은지를 의식적으로 체크해 봐야 한다. 만약 자신이 이에 해당된다면 잔소리를 늘어놓는 스타일이다. 그렇다면 잔소리를 줄이려고 의식적으로 조금씩 노력해야 한다. 잔소리는 늪과 같아서 인지하지 못한 채 빠져들게 되고, 결국에는 빠져나올 수 없는 백해무익한 것이다.

화내는 행동은
전염성이 강하다

　화내는 것은 습관이 된다. 자꾸 화를 내면 사소한 일에도 짜증을 내고 화내는 것이 버릇이 된다. 정말 화내야 할 일인지 생각해 봐야 한다. 하지만 안타깝게도 화내는 사람은 자기 생각에는 충분한 이유가 있고 참고 참다가 화내는 거라고 한다. 어처구니없는 일이다. 보통 사람은 화낼 일이 아닌데도 사소한 것에 화내는 이유가 무엇인가? 버릇이 되었기 때문이다. 화를 자주 내다 보면 화를 참을 수 있는 임계점이 점점 낮아진다. 보통 사람은 화내는 요소가 8~9에 이르면 화를 낸다면 화를 자주 내는 사람은 그 임계점이 3~4로 낮아진 것이다. 자주 화를 내다 보면 화내는 임계점이 낮아져서 보통 사람은 충분히 참을 수 있는 수준인데도 버럭버럭 화내는 것을 볼 수 있다.

　본인은 참고 참다가 화내는데 남들은 왜 그런 것 가지고 화내느냐고 하니 답답할 수도 있다. 본인의 오래된 잘못된 버릇, 화내는 버릇을 조금씩 고치도록 노력해야 한다. 화가 치밀어 오를 때는 그 장소를 벗어나 다른 곳으로 옮기거나 좋아하는 음악을 듣거나 산책을 하는 것이 좋다. 그러면 치밀어 오르는 화를 달랠 수 있다. 이런 식으로 억지로라도 노력해서 화내는 것을 피하면 그 임계점이 조금씩 조금씩 다시 올라가게 된다. 화를 자주 내는 사람이 그 임계점을 높여야 하는 가장 큰 이유는 가정에 있다. 가정에서 본인이 화를 내면 가족에게 너무나도 큰 상처를 준다는 것을 명심해야 한다.

　존 카시오포(John Cacioppo) 교수는 부정적인 감정(화)이 긍정적인 감정보다 전염성이 훨씬 높다고 주장했다. 마르코 야코보니(Marco

Lacoboni) 교수의 연구 팀은, 스트레스를 받고 있는 사람을 본 사람은 그 시각적인 경험만으로도 신경 세포가 활성화되어 마치 자신이 같은 스트레스 상황에 있는 것처럼 느끼게 된다고 발표하였다. 그러므로 본인이 화를 자주 내는 사람이라면 가족에게 얼마나 큰 영향을 주는지를 알아야 한다. 시갈 바르세이드(Sigal Barsade) 교수의 연구에 따르면 구성원의 감정은 함께 일하는 동료들에게 바이러스처럼 전염된다고 한다. 이를 물결 효과라고 하는데, 구성원 중 한 명의 나쁜 감정이 물결처럼 다른 구성원에게 퍼진다는 의미이다. 구성원 중 한 명이 화내고 있으면 그 모습을 보는 사람도 덩달아 화나게 되는 것이다. 시갈 바르세이드 교수의 사례 연구는 흥미롭다. 두 개의 협상 그룹을 구성하여, 한 그룹에는 긍정적인 감정을 표출하는 한 명을 투입하고, 다른 그룹에는 부정적인 감정을 표출하는 한 명을 비밀리에 투입했다. 모든 참가자는 그 두 명의 영향, 곧 전염 효과를 의식하지 못했다. 그런데 신기하게도 한 명이 부정적인 감정을 표출한 그룹은 전체 조직이 와해되고 모두 무기력증이 유발되며 도전 정신이 저하됐다.

그러므로 본인이 쉽게 화내는 성격이라면 가족을 위해서 조금씩 조금씩 화내는 것을 줄이도록 노력해서 임계점을 높여야 한다. 가족이 고스란히 그 화냄의 영향을 받아야 하는 것은 너무나도 안타까운 일이 아닐 수 없다. 본인은 아무 생각 없이 화내는데, 그것이 가족에게 너무나도 나쁜 영향을 주고 있다는 사실과 본인의 화내는 임계점이 낮다는 것을 인식하고 조금씩 고치는 노력이 절대적으로 필요하다.

기쁨을 나누니 질투가 되고
슬픔을 나누니 약점이 된다

일반적으로 "기쁨을 나누면 배가 되고 슬픔은 나누면 반이 된다."라고 알고 있다. 그런데 현대 사회를 살면서 느끼는 것은 그렇지 않은 경우가 많다는 사실이다. 보통 사람은 슬픈 일을 당하면 슬픔을 나눈다. 또 좋은 일이 생겼을 때 그걸 나눈다. 그러면 정말 슬픔은 줄고 기쁨은 배가 되던가? 진심으로 축하해 주는 사람이 많은가? 물론 축하는 해 주지만 사실은 시기 질투를 하지 않는가를 생각해 볼 필요가 있다. 어려운 일을 당하거나 힘들 때는 주변 사람이 측은지심에서 진심으로 위로의 말을 건넨다. 하지만 기쁜 일, 무척 감사한 일이 생긴 사람이 그 기쁨을 나누면 가족에게는 정말 기쁨이 배가 되지만 가족이 아닌 이상은 시기 질투를 유발한다는 사실을 명심해야 한다. 현대인의 안타까운 습성이다. 워낙 치열한 경쟁 시스템에서 살다 보니 가족이 아닌 이상 남의 큰 기쁨은 시기 질투를 낳고, 편하다고 생각해서 슬픔을 나누었는데 그것이 나중에 약점이 되는 경우가 있다. 인간은 아주 복잡한 동물이다. 상대를 믿고 자신의 슬픔이나 실수를 터놓고 얘기했는데, 나중에 상대는 그것을 나의 약점으로 이용할 수 있다. 자기 자신도 믿기 힘든데 남을 쉽게 믿는 것은 어리석은 짓이다. 사람이 사람을 믿어야 한다는 좋은 말도 있지만 복잡한 현대 사회에서는 그대로 따르기가 어렵다. 사람은 믿을 대상이 아니다. 남을 쉽게 믿는 사람은 상처를 받는 경우가 많다. 가족 외의 타인 중에 아무리 오래된 친구라도 기쁨을 나누어 배가 되는 그런 사람은 10리를 가도 한 명 있을까 말까 하다는 사실을 명심해야 할 것이다.

"그럼 다른 사람과 기쁨도 슬픔도 나누지 말고 혼자 살란 말인가요?"라고 질문을 할 수도 있다. 남을 모두 의심의 눈초리로 볼 필요는 없다. 남을 배려하고, 필요시 자신이 여유가 되는 선에서 도와주며, 말하면 들어 주고 하소연도 들어 주며, 울면 손수건을 건네주어라. 그렇게 배려하면서도 관계의 거리를 유지하는 것이 중요하다. 크게 성공한 사람은 자신의 기쁨이나 슬픔을 쉽게 표현하지 않는다. 주변에 너무 쉽게 자신의 감정을 드러내고 상대를 쉽게 믿으며 자신의 기쁨을 너무 쉽게 얘기해서 시기 질투를 유발함으로써 관계가 멀어지는 사람들이 있을 것이다. 또는 너무 쉽게 자신의 치부나 슬픈 일을 얘기했다가 그것이 나중에 약점으로 돌아와서 큰 상처를 받은 사람도 있을 것이다. 그러므로 기쁨을 나누었더니 배가 되고 슬픔을 나누었더니 반으로 준다는 말은 오늘날에는 알맞지 않은 듯하다.

할까?
말까?

인터넷에서 쉽게 찾을 수 있는 '인생 교훈'이란 글이 있다.

> 갈까 말까 할 때는 가라.
> 살까 말까 할 때는 사지 마라.
> 말할까 말까 할 때는 말하지 마라.
> 줄까 말까 할 때는 줘라.
> 먹을까 말까 할 때는 먹지 마라.

무엇을 택할지 고민할 때가 많다. 할까 말까를 고민하는 것은 우리 삶속에서 항상 일어나는 연속적인 현상이다. 그럴 때마다 이 '인생 교훈'을 떠올리면 선택을 잘할 수 있다.

'갈까 말까'는 '행할까 말까'를 고민하는 것과 같다. 그것이 법적으로나 도덕적으로 문제가 없을 경우에 갈까 말까 하는 것은 '시작할까 말까'를 고민하는 것이다. "시작이 반이다."라는 말이 있다. 그만큼 시작이 어려운 것이다. 어떤 인생의 길을 갈까 말까 하고 고민한다는 것은 시작하기를 머뭇거리고 있다는 증거이기도 하다. 잘 준비되어 있고 많은 생각을 해 본 다음에 그것이 법적으로나 도덕적으로 문제가 없다면 바로 실행할 필요가 있다. 너무나도 많은 사람이 계획을 거창하게 세워 놓고 정작 실행하지는 못한다. 계획을 거창하게 세우는 것까진 좋지만 결국 시작이라는 중요한 단계에 발을 내디뎌야 하는데 그러지 못하는 것이다. 인생의 뒤안길에서 많이 후회하는 사람들이 아쉬워하면서 하는 공통된 말이 있다. "그때 그

길을 갔어야 하는데….”라고 말한다. 그러므로 일의 시작은 과감하게 추진하는 것이 중요하다.

살까 말까를 고민할 때도 많다. 이런 고민을 한다는 것은 사려는 물건이 꼭 필요하지는 않다는 의미이다. 생필품이 아니더라도 꼭 필요한 것은 구매하게 되어 있다. 그런데 살까 말까를 고민한다는 것은 생필품도 아닐뿐더러 꼭 필요한 물건도 아니라는 뜻이다. 이런 경우에는 안 사는 것이 맞다. 사치는 모든 악의 근원이기도 하다. 사치하는 마음, 허례허식하는 마음은 발전적인 삶을 도모하는 데 독과 같다. 복은 검소함에서 나온다는 말이 있다. 하루하루를 검소하게 사는 사람과 사치와 허영심으로 사는 사람은 삶의 질이 크게 차이 날 수밖에 없다. 일상에서 어떤 것을 살까 말까를 고민한다면 그것은 그리 필요치 않은 것이므로 낭비할 필요가 없다.

말할까 말까를 고심할 때도 있다. 그런 고민이 생겼다는 것은 꼭 필요한 말이 아니라는 것이다. 필요치 않은 말을 아무 생각 없이 말하고 나서 낭패를 보는 사람이 얼마나 많은가. 물론 귀한 말로 천 냥 빚을 갚는 경우도 있고, 서희가 소손녕과의 담판으로 대군을 물리친 것과 같은 경우도 있을 것이다. 이런 귀한 말은 말할까 말까를 고민할 리가 없다. 고민한다면 ‘어떻게 더 조리 있게 잘 설명할까?’를 고민할 것이다. 말을 할까 말까가 고민될 때는 안 하는 것이 상책이다. 그 말을 내뱉는 순간 그 말은 부메랑으로 돌아와서 자신에게 피해를 줄 수도 있기 때문이다. 말의 중요성은 아무리 강조해도 지나치지 않는다.

줄까 말까를 고민할 때도 많다. 이 사람에게 이것을 줄까 말까? 막상 주자니 아깝고 안 주자니 나에겐 필요 없다. 이럴 때는 과감히 주라는 것이다. 그것이 자신에게 꼭 필요한 것은 아니므로 이런 고민을 한 것이다. 자신에게 너무나도 필요하고 귀한 것이라면 줄까 말까 자체를 고민하지 않을 것이다. 줄까 말까가 고민되는 경우는 주자니 아깝고, 가지고 있자니 필요 없는 경우이다. 우리가 지닌 재능과 능력도 남이 필요로 할 때는 도와주고 신경 써 주어 에너지를 쏟으라는 말이다. 자신이 가지고 있는 것을 남에게 베풀면 큰 복이 자신에게 돌아오게 되어 있다. 그러므로 그것이 필요한 사람에게 줄까 말까 하는 고민이 생긴다면 과감히 주는 버릇을 들이는 것이 중요하다. 주기 아까워서 가지고 있어 봤자 별 소용도 없고 구석에 처박혀 있는 경우가 많다. 구석에 처박혀 있을 물건은 고민하지 말고 필요한 사람에게 주는 것이 좋다.

먹을까 말까 고민할 때는 먹지 말라. 최근 한국에서 굶주림으로 고통을 받는 사람은 많이 줄어들었다. 6·25 전쟁 이후 먹을 것이 없을 때는 영양실조가 문제가 되었지만, 최근에는 심한 다이어트 때문에 영양실조가 되는 경우는 있어도 못 먹어서 영양실조가 되는 경우는 드물 것이다. 반대로 비만과 과체중이 많은 문제가 되고 있다. 너무 달고 짜며, 자극적인 인스턴트식품이 지천으로 깔려 있는 오늘날에는 먹을 것을 잘 가려 먹는 것이 중요하다. 먹을까 말까를 고민하는 것은 배가 고프지 않다는 얘기이다. 배가 고프지 않음에도 불구하고 먹을까 말까를 고민할 때는 먹지 않는 것이 정답이다. 자신의 몸을 위해서 항상 노력하고 신경을 쓰라는 말이다.

일상을 살아가며 고민할 때가 많다. 이 다섯 가지를 기억하고 있으면 상당히 많은 선택의 기로에서 쉽게 판단하고 결정할 수 있다.

행복이 먼저다

1판 1쇄 발행 2023년 2월 16일

지은이 행복이 먼저다

교정 주현강 편집 유별리   마케팅 이진선

펴낸곳 (주)하움출판사   펴낸이 문현광

이메일 haum1000@naver.com   홈페이지 haum.kr
블로그 blog.naver.com/haum1007   인스타 @haum1007

ISBN 979-11-6440-304-2 (03190)

좋은 책을 만들겠습니다.
하움출판사는 독자 여러분의 의견에 항상 귀 기울이고 있습니다.
파본은 구입처에서 교환해 드립니다.